DE L'OFFICE DU JUGE

EN MATIÈRE DE

VENTES JUDICIAIRES D'IMMEUBLES

DANS LE RENVOI DEVANT NOTAIRE

OU LA RETENUE A LA BARRE & DANS L'ADJUDICATION

ouvrage contenant

*L'indication de la doctrine et de la jurisprudence, avec renvoi
aux recueils de Dalloz, Sirey, Gazette du Palais
Journal des Avoués, Journal des Notaires & Revue du Notariat*

A L'USAGE DES MAGISTRATS

DU SIÈGE ET DU PARQUET, DES AVOUÉS ET DES NOTAIRES

Par A. De COSTON

Président du Tribunal civil de Vienne

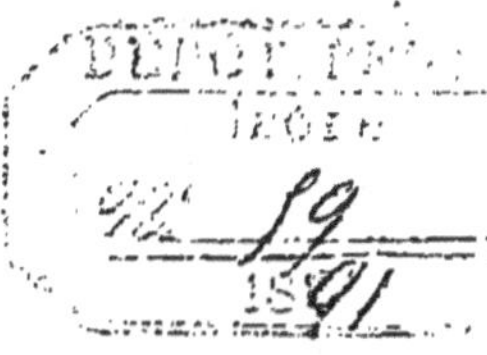

VIENNE	PARIS
CLAUDIUS PAYEN	MARCHAL ET BILLARD
Libraire	Éditeurs
	Libraires de la Cour de Cassation
Place de l'Hôtel-de-Ville	Place Dauphine, 27

891

DE L'OFFICE DU JUGE

en matière de

VENTES JUDICIAIRES D'IMMEUBLES

DANS LE RENVOI DEVANT NOTAIRE OU LA RETENUE A LA BARRE

ET DANS L'ADJUDICATION

DE L'OFFICE DU JUGE

EN MATIÈRE DE

VENTES JUDICIAIRES D'IMMEUBLES

DANS LE RENVOI DEVANT NOTAIRE

OU LA RETENUE A LA BARRE & DANS L'ADJUDICATION

ouvrage contenant

L'indication de la doctrine et de la jurisprudence, avec renvoi
aux recueils de Dalloz, Sirey, Gazette du Palais
Journal des Avoués, Journal des Notaires & Revue du Notariat

A L'USAGE DES MAGISTRATS

DU SIÈGE ET DU PARQUET, DES AVOUÉS ET DES NOTAIRES

Par A. De COSTON

Président du Tribunal civil de Vienne

VIENNE

CLAUDIUS PAYEN

Libraire

Place de l'Hôtel-de-Ville

PARIS

MARCHAL ET BILLARD
Editeurs
Libraires de la Cour de Cassation
Place Dauphine, 27

1891

INDICATION DES OUVRAGES CITÉS

AUBRY et RAU. *Cours de droit français.*

BERTIN. *Chambre du conseil.*

BIOCHE. *Dictionnaire de procédure civile.*

BONNECŒUR. *Taxe des frais en matière civile.*

Bulletin des Greffiers des tribunaux de première instance.

CHAUVEAU. *Lois de la procédure civile.*

Circulaires du Comité des Notaires des départements.

COLMET D'AAGE. *Leçons de procédure civile par Boitard.*

Comptes généraux de l'administration de la justice civile (le dernier paru est de 1887).

DALLOZ. *Répertoire méthodique et alphabétique.*

DALLOZ. *Recueil périodique et critique.*

DEMOLOMBE. *Cours de droit civil.*

FENET. *Recueil complet des travaux préparatoires du Code civil.*

Gazette du Palais.

Journal des Avoués.

Journal des Notaires.

Journal officiel de la République Française.

LAROMBIÈRE. *Théorie et pratique des obligations.*

LAURENT. *Principes de droit civil français.*

LOCRÉ. *Législation civile, commerciale et criminelle de la France.*

MARCADÉ et PONT. *Explication théorique et pratique du Code civil.*

Massé. *Le parfait Notaire ou la science du notariat.*

Mathieu de Vienne. *Tableaux de taxe en matière civile.*

Mémoire au Corps législatif par les Greffiers de première instance.

Mémoire au Corps législatif par les Avoués de première instance du ressort de Grenoble.

Mémoire au tribunal d'Arras par les Notaires de cet arrondissement.

Merlin. *Répertoire universel et raisonné de jurisprudence.*

Paignon. *Commentaire du tarif du 10 octobre 1841.*

Revue du notariat et de l'enregistrement.

Rodière. *Traité de compétence et de procédure en matière civile.*

Rolland de Villargues. *Répertoire de la jurisprudence du notariat.*

Rousseau et Laisney. *Dictionnaire de procédure.*

Rousseau et Laisney. *Recueil périodique en matière de procédure.*

Sirey. *Recueil général des lois et des arrêts.*

Toullier. *Droit civil français.*

Troplong. *Le droit civil expliqué suivant l'ordre des articles du Code.*

ABRÉVIATIONS

D. A.............. Dalloz. *Répertoire alphabétique.*

D. P. 80. 1. 134... Dalloz. *Recueil périodique,* année 1880, 1re partie, page 134.

D. P. 80. 2. 134... Dalloz. *Recueil périodique,* année 1880, 2e partie, page 134.

G. P. 80. 1. 134... *Gazette du Palais*, année 1880, 1er semestre, page 134.

J. A. 80. 71......... *Journal des Avoués*, tome 80, page 71.

J. N. 80. 134...... *Journal des Notaires*, année 1880, page 134.

R. N. 80. 134..... *Revue du notariat et de l'enregistrement*, année 1880, page 134.

S. 80. 1. 134. ... Sirey. *Recueil général*, année 1880, 1re partie, page 134.

S. 80. 2. 134...... Sirey. *Recueil général*, année 1880, 2e partie, page 134.

DE L'OFFICE DU JUGE

EN MATIÈRE DE VENTES JUDICIAIRES D'IMMEUBLES
DANS LE RENVOI DEVANT NOTAIRE OU LA RETENUE A LA BARRE
ET DANS L'ADJUDICATION

CHAPITRE PRÉLIMINAIRE

Généralités

SOMMAIRE

1 — Moyen pris par le législateur pour remédier à l'imperfection de la loi en général.

2-4 — Difficulté spéciale de son emploi par le juge chargé de décider du renvoi ou de la retenue d'une vente judiciaire d'immeubles.

5 — Mission mal définie du juge et du notaire commis à la vente.

6-7 — But de cette étude.

1 — La loi, qui se ressent de l'imperfection des hommes, ne prévoit pas tous les cas qui peuvent se présenter ; la constatation de cette impossibilité a dû, pour ainsi dire, être inscrite en tête de notre Code civil, lors de la discussion de son titre préliminaire par le Tribunat. « Le législateur, disait le « tribun Grenier dans son rapport, ne peut tout « prévoir. Cette tâche est au-dessus des efforts

I

« humains. Des règles positives, des principes
« lumineux et féconds en conséquences, qui puis-
« sent être aisément saisis et appliqués à tous les
« cas ou au plus grand nombre : voilà ce qui carac-
« térisera toujours toute bonne législation » (1).

Le domaine des lois civiles est immense, et leur prévoyance nécessairement limitée. Au milieu des cas indécis, des difficultés non prévues et nées des combinaisons nouvelles créées par des intérêts et des besoins nouveaux, il a fallu laisser au juge la faculté de suppléer à la loi par les lumières naturelles du bon sens, en se décidant d'après les principes de la raison et de l'équité. Pour remédier à cette imperfection de la loi et assurer son efficacité, le législateur a dû, parfois, s'en remettre entièrement à la conscience et à la sagesse du juge, en l'investissant d'un pouvoir discrétionnaire d'appréciation.

2 — Parmi ces cas, il n'en est peut-être pas, en matière civile, qui offre aux tribunaux, pour l'exercice de leur mission, autant de difficulté pratique que celui où, dans les ventes judiciaires d'immeubles, ils ont à apprécier d'abord, à décider ensuite si la vente doit être renvoyée devant notaire ou retenue à la barre.

---

(1) *Rapport au Tribunat sur la loi relative à la publication, aux effets et à l'application des lois* (Fenet, t. 6, p. 375).

3 — Lorsqu'il s'agit, par exemple, d'interpréter des conventions et des contrats écrits, le juge a sous les yeux les clauses et les stipulations elles-mêmes, dont l'interprétation est à faire, ainsi que celles qui les précédent et les suivent. Il trouve, en outre, dans la loi, de nombreuses règles destinées à lui faciliter sa mission. Pour apprécier les faits et circonstances, la simulation, la fraude, le dol, la violence, il peut encore recourir aux principes formulés par la loi, se servir des présomptions et s'entourer des résultats d'une enquête, d'une expertise. En vue de ces divers cas, le législateur a tracé des règles précises, a recherché si les tribunaux auraient la possibilité d'exercer la mission qui leur était confiée et a mis à leur disposition des éléments sérieux d'appréciation.

En matière de ventes judiciaires d'immeubles, au contraire, il s'est borné à dire que la vente aurait lieu devant un juge ou devant un notaire, en s'en remettant aux tribunaux du soin de décider sur ce point. Aucune règle n'a été tracée par lui pour l'accomplissement de cette mission. Il ne s'est nullement préoccupé de mettre à la disposition du juge les éléments nécessaires et n'a pas recherché si celui-ci aurait même la possibilité de s'en procurer de sérieux pour l'appréciation qu'il avait à faire.

4 — Ce laconisme et cet oubli du législateur, l'insuffisance et même, parfois, l'absence des élé-

ments nécessaires pour l'exercice sérieux de cette mission, ont créé aux tribunaux un embarras extrême. Il en résulte pour eux une situation qui est d'autant plus grave que les cas où ce pouvoir discrétionnaire d'appréciation doit être exercé, sont répétés.

5 — De leur côté, le juge et, par suite, le notaire commis pour procéder à la vente se trouvent également dans une situation qui les met aux prises avec des incidents inattendus et d'autant plus embarrassants que la solution doit être immédiatement donnée. Ici les difficultés qu'ils rencontrent proviennent de ce que, bien loin d'être discrétionnaire, le pouvoir dont ils sont investis par la loi est restreint et mal défini.

6 — Nous avons pensé qu'il pourrait être de quelque utilité, pour les magistrats et les officiers publics et ministériels, de trouver réunis : l'indication des très-nombreux documents de jurisprudence qui sont épars dans les divers recueils, les principes posés en cette matière spéciale par les arrêts de la Cour de cassation et des Cours d'appel, avec l'application qui en a été faite, la discussion de l'efficacité et de la portée des règles d'appréciation consacrées par la jurisprudence et des autres éléments d'appréciation invoqués aussi en cette matière, l'examen des cas spéciaux qui soulèvent des difficultés particulières, ainsi que le résultat d'une expérience acquise par une longue pratique

des affaires judiciaires comme magistrat, jointe à celle d'une cléricature dans une étude de notaire et d'avoué.

Indiquer les arrêts rendus et dégager des principes posés par la jurisprudence qui concerne le juge et le notaire délégués à une vente, le caractère de leur mission, ainsi que la nature et l'étendue de leurs pouvoirs, nous a paru constituer également une œuvre utile.

7 — Notre travail n'a pas pour but de traiter des ventes judiciaires d'immeubles; Il est plus modeste et plus restreint et se borne à une étude pratique de l'office du juge dans le renvoi de ces ventes devant notaire ou leur retenue à la barre du tribunal et dans l'adjudication, étude qui, à notre connaissance du moins, n'a pas encore été entreprise. Sans précédents, ce travail aura ses lacunes et ses imperfections ; mais, tel qu'il est, nous osons espérer qu'il rendra encore quelques services, ne serait-ce que celui d'épargner la perte de temps occasionnée par les recherches à effectuer dans les divers recueils, ouvrages et documents. Un bon traité sur cette matière spéciale serait d'une incontestable utilité ; nous avons essayé d'en poser quelques jalons ; un plus habile réussira à le faire.

CHAPITRE I

Pouvoir discrétionnaire d'appréciation des tribunaux

8 — Au début de l'étude que nous nous proposons de faire de la mission du juge, une nomenclature, aussi complète que possible, des diverses espèces de ventes judiciaires d'immeubles et leur examen à ce point de vue spécial ont leur place marquée tout naturellement. Poser le principe qui est basé sur l'intérêt des parties et qui domine cette matière, indiquer les très - nombreux arrêts par lesquels la jurisprudence reconnaît aux tribunaux un pouvoir discrétionnaire d'appréciation pour retenir à leur barre ou renvoyer les ventes devant notaire, rendra plus facile l'étude de l'office du juge. La constatation de la divergence existant entre la Cour de cassation et les Cours d'appel sur le caractère de ce pouvoir discrétionnaire, ainsi que l'examen des causes et des conséquences de cette divergence, nous conduiront ensuite à la recherche de l'intérêt des parties, au moyen des divers éléments d'appréciation admis par la jurisprudence ou invoqués en dehors d'elle.

§ I

Ventes judiciaires d'immeubles

SOMMAIRE

9 — Ainsi que le fait remarquer le rapport de M. le Garde des Sceaux sur l'administration de la justice civile pour l'année 1887 : « Les procédu- « res relatives aux ventes judiciaires d'immeubles « sont très-importantes en ce qu'elles donnent « satisfaction à de nombreux intérêts ; elles assu- « rent aux créanciers le recouvrement de leurs « capitaux, protégent les droits des mineurs et des « interdits, facilitent la liquidation des successions « et des communautés ».

10 — On sait que ces ventes sont celles ordon- nées par jugement, rendu soit sur requête, soit sur exploit, et comprennent, non seulement celles qui ont lieu à l'audience, mais encore celles qui, en vertu d'une décision judiciaire, sont faites

ailleurs qu'à la barre (1). Elles sont de nature diverse ; on peut en citer notamment dix-sept espèces, dont quelques-unes très-fréquentes et les autres fort rares. Treize sont ordonnées par jugement sur requête et quatre seulement par jugement sur exploit.

11 — Dans la première catégorie sont comprises les ventes : — 1° de biens de mineurs (C. c. art. 459 et 460 et C. pr. civ. art. 954 et 955) ; — 2° n'ayant pour objet que la licitation d'immeubles, avec mise à prix inférieure à 2000 fr., appartenant indivisément à des incapables et à des majeurs, si toutes les parties se réunissent pour le demander (Loi du 23 octobre 1884 art. 2 § 2) ; — 3° de biens dépendant d'une succession vacante (C. c. art. 814 et C. pr. civ. art. 954, 955, 987, 988 et 1001) ; — 4° de biens de succession bénéficiaire (C. c. art. 806 et C. pr. civ. art. 954, 955, 987 et 988) ; — 5° de biens de failli (C. com. art. 572 et C. pr. civ. art. 954 et 955) ; — 6° de biens de débiteur admis au bénéfice de la liquidation judiciaire (Loi du 4 mars 1889 art. 5 et 24, C. com. art. 572 et C. pr. civ. art. 954 et 955) (2) ; — 7° de biens par

---

(1) Req. 12 mars 1833 (D. A. V° *Vente publ. d'im.*, n° 1853-2° — S. 34. 1. 191).

(2) La loi du 4 mars 1889 a notamment pour effet, quoique d'une manière moins étendue qu'en matière de faillite, de dessaisir le débiteur. Les travaux préparatoires

conversion sur saisie immobilière (C. pr. civ. art. 743 et 746) ; — 8° de biens dotaux (C. c. art. 1558 et C. pr. civ. art. 955 et 997); — 9° de biens d'interdit (C. c. art. 509 et C. pr. civ. art. 954 et 955) ; — 10° de biens de condamné (C. p. art. 29 et C. pr. civ. art. 954 et 955) ; — 11° de biens de débiteur admis au bénéfice de cession (C. c. art. 1268 et C. pr. civ. art. 904, 954, 955 et 988) ; — 12° de biens d'absent (C. c. art. 128, 129, et 132 et C. pr. civ. art. 859, 860, 954 et 955) ; — et 13° de biens substitués (1) (C. c. art. 897, 1055 et 1056 et C. pr. art. 954, 955, 988 et 1001).

12 — La seconde catégorie est composée des ventes: — 1° de biens saisis immobilièrement (C. pr. civ. art. 673 et suiv.) ; — 2° par surenchère sur aliénation forcée ou sur aliénation volontaire

---

(rapport de M. Laroze, D. P. 89, 4, 16 — S. 89. 449), l'économie et les prescriptions mêmes (art. 5, 6, 7, 8 et 9) de cette loi ne laissent aucun doute à ce sujet. Spécialement l'art. 5 ne permet au débiteur de vendre tout ou partie de son actif que dans les cas et conditions déterminés aux articles suivants et la vente des immeubles n'est prévue dans aucun de ces articles. D'autre part, l'art. 24 renvoie au C. com. pour les dispositions de celui-ci non modifiées par la loi du 4 mars 1889. Les prescriptions de l'art. 572 C. com. sur la vente des immeubles doivent donc être observées en matière de liquidation judiciaire.

(1) Bioche, v° *Vente jud. d'im.*, n° 3 ; Demolombe, t. 22, p. 532 ; Rousseau et Laisney, v° *Vente jud. d'im.*, n° 1361 ; V. cependant Laurent, t. 14, n° 364.

(C. pr. civ. art 708 et suiv. , 832 et suiv. , 965 et 973 , C. c. art. 2185 et 2187 et C. com. art. 573); — 3° par folle enchère sur aliénation forcée ou volontaire (C. pr. civ. art. 733 et suiv., 964 et 972); — et 4° par licitation , incidente à une instance en partage ou avec mise à prix de 2000 f., de biens indivis entre majeurs et incapables ou de biens non susceptibles d'un partage en nature (C. c. art. 827 et 839, C. pr. civ. art. 955 et 970 et Loi du 23 octobre 1884 art. 2 § 2).

13 — Une première différence, au point de vue spécial qui nous occupe , existe entre ces diverses ventes. Par une exception résultant de la loi du 2 juin 1841 et du § 3 du nouvel art. 746 C. pr. civ., le jugement qui, dans une procédure de vente par expropriation forcée, la convertit en vente sur publications volontaires, n'est pas susceptible d'appel.

Il semblerait même qu'en présence du texte si formel de ce § 3 du nouvel art. 746, la question n'aurait jamais dû être soumise aux tribunaux. Elle l'a été, cependant, et l'on trouve quelques arrêts qui ont admis l'appel (1). Mais l'opinion consacrée par ces décisions ne pouvait pas prévaloir contre les termes si précis de la loi elle-même, et une jurisprudence aujourd'hui constante considére le jugement comme en dernier ressort, sans

____

(1) Douai 9 janvier et 29 mai 1860 (J. A. 86. 71) et Paris 21 août 1847 (Bertin, t. 2, p. 607).

distinction aucune entre le cas où la demande de conversion est accueillie et celui où elle est repoussée (1).

14 — De ce que la loi ne permet pas de procéder ailleurs qu'à la barre à la vente des biens en matière de procédure d'expropriation forcée poursuivie sans l'incident de conversion et en matière de surenchère et de folle enchère (2), il résulte une seconde différence entre ces trois espèces de ventes et les autres. Le juge n'a plus la charge de décider si la vente doit être retenue à la barre ou renvoyée devant notaire.

15 — Entre la vente par licitation et les autres, il peut aussi, suivant le cas, exister une différence. Le § 2 de l'art. 827 C. c. donne aux parties, lorsqu'elles sont toutes majeures et maîtresses de leurs droits, la faculté de s'accorder pour le renvoi de la vente devant un notaire dont elles conviennent entre elles. Il n'y a plus alors pour le tribunal qu'à donner acte de ces accords. Aucune des dispositions du C. pr. civ., ni des modifications introduites par la loi du 2 juin 1841 ne paraît

---

(1) Caen 22 septembre 1849 (J. A. 75. 254) ; Paris 24 décembre 1852 et 23 juin 1855 (Bertin, t. 2, p. 609) ; Paris 20 mars 1858 (Chauveau, t. 5, p. 1324) ; Bourges 15 mai 1872 (D. P. 72. 2. 112 — S. 72, 2, 52) et Paris 27 juin 1872 (D. P. 73. 5. 412 — S. 72. 2. 240).

(2) V. infrà Chapitre IV, Sect. I, § 4.

avoir apporté de dérogation à ce § 2 de l'art. 827 C. c. (1).

16 — Un principe sur lequel tout le monde est d'accord — et il eût été difficile de ne pas l'être en présence des travaux préparatoires du C. pr. civ. et de la loi du 2 juin 1841, — domine cette matière : pour décider de quelle façon la vente aura lieu, le juge doit rechercher l'intérêt des parties. Ce principe posé et admis sans contestation, il reste à apprécier quel est le véritable intérêt des parties dans chaque cas soumis aux tribunaux. C'est ici que, pour le juge, commence l'embarras extrême que n'ont pu faire disparaître complétement ni les arrêts de la Cour de cassation, ni ceux si nombreux des Cours d'appel, malgré les règles que ces dernières décisions ont tracées pour permettre aux tribunaux l'exercice de leur pouvoir discrétionnaire d'appréciation.

---

(1) Civ . rej . 30 janvier 1843 (S. 43. 1. 119) ; Bioche, Vⁱˢ *Partage* nº 112 et *Vente jud.* nº 178 ; Chauveau, t. 5, p. 1522 ; D. A. Vº *Vente publ. d'im.*, nº 2000 ; Demolombe, t. 15, p. 648 ; Rousseau et Laisney, Vⁱˢ *Partage,* nº 61 et *Vente jud. d'im.*, nº 140 § 2.

$$\S\ 2$$

Appréciation de l'intérêt des parties
par le juge

17 — Si l'on veut consulter les divers textes de lois relatifs aux ventes judiciaires d'immeubles et fixant la mission du juge dans le choix du mode de vente, on en est réduit aux art. 459 et 827 C. c. et 743, 746, 954 et 970 C. pr. civ.. Enchères qui seront reçues par un membre du tribunal ou par un notaire à ce commis, dit l'art. 459 ; vente par licitation devant le tribunal ou licitation devant un notaire, énonce l'art. 827.

Ce laconisme se retrouve dans les autres textes. L'art. 743 parle d'enchères devant notaire ou en justice; l'art. 746, de renvoi soit devant un notaire, soit devant un juge; l'art. 954, de vente soit devant un des juges, soit devant un notaire ; l'art. 970, de licitation devant un membre du tribunal ou devant un notaire. Toutes ces formules se ressemblent, sauf que deux parlent du notaire avant le juge, tandis que les autres parlent du juge avant le notaire. Ce n'est certainement pas cette différence qui peut faciliter la solution de la question (1).

18 — Est-il possible, tout au moins, de suppléer à ce laconisme, en se reportant aux travaux préparatoires du C. c. (2), du C. pr. civ. (3) et de la loi du 2 juin 1841 (4) et en y recherchant les éléments d'appréciation que le législateur aurait considérés comme étant de nature à permettre au juge l'exercice du pouvoir discrétionnaire dont il l'a investi ? Ces travaux préparatoires démontrent certainement que le législateur a eu pleine confiance dans l'appréciation qui serait faite par les tribunaux, a entendu que ceux-ci s'inspireraient de l'intérêt des parties et a pensé que le juge pourrait consulter les titres de propriété, les baux et la contribution foncière pour fixer les mises à prix.

Il en ressort sûrement aussi que par la loi du

---

(1) V. infrà. Chapitre III, Sect. II, § 1.

(2) Fenet, t. 10, p. 544 à 680 et t. 12, p. 56 à 243.

(3) Locré, t. 22 et 23 spéciaux au C. pr. civ. (t. 22, p. 234, 542 à 549 et 654 et t. 23, p. 236 à 252, 340 à 353 et 356 à 368).

(4) D. A. V° *Vente publ. d'im.*, p. 562 à 585. — S. 41.2. 369 à 406.

2 juin 1841, de même que par celle plus récente du 23 octobre 1884 (1), il a eu pour but de simplifier la procédure et de diminuer les frais. Mais, en dehors de cela, il faut bien reconnaître que, dans les travaux préparatoires comme dans les textes de la loi, il s'est tenu dans une réserve assurément regrettable, en ne recherchant pas si, pour l'appréciation de l'intérêt des parties, le juge aurait la possibilité de se procurer des éléments sérieux et utiles.

19 — Cette réserve a mis les tribunaux dans l'obligation de suppléer eux-mêmes au silence et à l'oubli du législateur. Tout d'abord, la question s'est posée de savoir si le juge tenait de la loi, en matière de ventes judiciaires d'immeubles, un pouvoir discrétionnaire d'appréciation sur le renvoi devant notaire ou la retenue à la barre. La Cour de cassation (2) et la presque unanimité des Cours d'appel (3) se

---

(1) D. P. 85. 4. 9 — S. 85. 706.

(2) Req. 4 avril 1843 (D. A. V° *Vente publ. d'im.*, n° 1404.— S. 43. 1. 709); Civ. cass. 30 juin 1856 (D. P. 56. 1. 261. — S. 56. 1. 794); Civ. rej. 29 janvier 1872 (D. P. 72. 1. 549); Civ. rej. 20 janvier 1880 (D. P. 80. 1. 151 — S. 80. 1. 210).

(3) *En matière de conversion de saisie avant le nouvel art. 746* : Orléans 3 mars 1838 (D. A. V° *Vente publ. d'im.*, n° 1399. — S. 38. 2. 254) ;

— *Biens de failli* : Grenoble 10 février 1859 (S. 60. 2. 419); Angers 27 septembre 1872 (R. N. 73. 424);

— *Biens de mineur* : Bordeaux 28 juin 1838 (S. 39. 2.

sont prononcées pour l'affirmative, et un très-grand nombre d'arrêts a tranché ce premier point d'une façon définitive depuis longtemps.

---

109. — D.A. V° *Vente pub. d'im.*, n° 1988); Grenoble 23 décembre 1858 (D. P. 60. 5. 415.— S. 60. 2. 418); Lyon 22 mars 1866 (R. N. 67. 147; Grenoble septembre 1876 (R. N. 77. 286); Douai 15 juin 1869 (R. N. 70. 58); Grenoble 1er avril 1886 (J. N. 86. 345); Paris 17 juillet 1877 (R. N. 77. 849);

— *Biens de succession vacante* : Grenoble 21 juin 1859 (D. P. 60. 5. 415. — S. 60. 2. 419); Grenoble 1er juillet 1868 (S. 68. 2. 304. — R. N. 68. 810);

— *Biens de succession bénéficiaire* : Douai 20 juillet 1855 (S. 56. 2. 420); Riom 7 janvier 1856 (D. P. 56.2. 73); Douai 1er juin 1863 (R. N. 63. 615) ; Bordeaux 22 juin 1863 (R. N. 64. 299); Lyon 6 juillet 1876 (S. 77. 2. 207); Rouen 23 juillet 1877 (R. N. 77. 930) ;

— *Licitation* : Paris 29 août 1845 (D. P. 45. 4. 526); Rennes 1er août 1859 (S. 60. 2. 419); Paris 18 juillet 1862 (R. N. 62. 392); Paris 20 novembre 1871 (R. N. 72. 458) ; Rennes 27 janvier 1872 (R. N. 74. 214) ; Lyon 17 décembre 1874 (S. 76. 2. 15. — R. N. 75. 512); Rouen 3 janvier 1877 (S. 77. 2. 208) ; Rouen 27 décembre 1876 (S. 77. 2. 207. — R. N. 77. 437); Grenoble 30 juin 1877 (S. 78. 2. 76. — R. N. 78. 197) ; Rouen 25 mars 1878 (R. N. 79. 302. — S. 78. 2. 304); Lyon 20 juillet 1878 (S. 79. 2. 330) ; Bourges 21 juillet 1879 (S. 79. 2. 331) ; Riom 20 août 1879 (S. 79. 2. 331. — R. N. 79. 721); Caen 13 février 1880 (R. N. 80. 608); Chambéry 24 décembre 1883 (G. P. 84. 1. 262); Lyon 30 janvier 1885 (G. P. 85. 2. Sup. 71); Dijon 22 mai 1885 (G. P. 86. 1. 333); Dijon

20 — Il a été spécialement jugé, en outre, par plusieurs arrêts que la loi n'a établi aucune préférence entre les deux modes de vente et qu'au contraire, en présence des avantages et des inconvénients que chacun d'eux peut présenter, elle les a placés sur la même ligne, en permettant d'opter indistinctement pour l'un ou pour l'autre, sous le seul mobile de l'intérêt sainement apprécié des parties (1).

21 — Plusieurs arrêts ont décidé aussi, d'une façon spéciale, que, lors même que les parties étaient d'accord pour demander l'un des modes de vente, cet accord ne liait pas le juge, qui conser-

---

5 juin 1885 (G. P. 86. 2. 333); Lyon 13 juin 1885 (J. N. 85. 480); Caen 17 novembre 1885 (J. N. 85. 719); Riom 4 janvier 1887 (J. N. 87. 503); Dijon 22 janvier 1887 (R. N. 87. 138); Limoges 26 octobre 1887 (G. P. 87. 2. 579); Amiens 29 décembre 1887 (R. N. 88. 181);

— Voir aussi le tableau inséré dans la *Circulaire du Comité des Notaires des départements* n° *208* de l'année 1889, qui contient l'énumération de 222 arrêts rendus par 23 Cours d'appel en matière de renvoi de ventes judiciaires d'immeubles devant notaire, mais n'indique pas les recueils de jurisprudence dans lesquels le texte de ces décisions serait rapporté.

(1) Bordeaux 28 juin 1838; Lyon 17 décembre 1874; Lyon 6 juillet 1876; Grenoble 30 juin 1877 (cités ci-dessus) et Paris 3 janvier 1888 (*Circul.* n° *208 du Comité des Notaires des départements*).

vait le droit de choisir entre les deux et de désigner celui qui lui paraissait offrir le plus d'avantages (1).

22 — Quelques Cours, cependant, apportent à ce pouvoir discrétionnaire d'appréciation une restriction qui, dans la plupart des cas, le fait entièrement disparaître, ainsi que nous le verrons plus loin (2).

---

(1) Orléans 3 mars 1838 (D. A. V° *Vente publ. d'im.*, n° 1399. — S. 38. 2. 254); Bordeaux 3 août 1838 (D. A. cod. v°, n° 1999) ; Nîmes 29 décembre 1827 (D. A. cod. v°, n° 1990); Nancy 20 février 1846 (D. P. 46. 2. 118); Grenoble 1er juillet 1868 (S. 68. 2. 304. — R. N. 68. 810) et Lyon 17 décembre 1874 (S. 76. 2. 15).

(2) V. infrà Chapitre III , Sect. II, §§ 1, 2 et 3.

§ 3

Divergence entre les Cours de cassation et d'appel sur le caractère du pouvoir discrétionnaire

23 — Une profonde divergence sépare la Cour de cassation et les Cours d'appel. La première admet un pouvoir discrétionnaire d'appréciation tel que les juges ne sont même pas tenus de motiver leur décision. Elle en a décidé ainsi par les quatre arrêts cités plus haut (1) et rendus en matière de conversion sur saisie immobilière, de vente de biens de failli et de mineur et de licitation.

24 — Les Cours d'appel persistent dans une jurisprudence absolument opposée à celle de la

---

(1) V. suprà § 2.

Cour suprême et décident, au contraire, que les juges, s'ils retiennent la vente à la barre, alors que les parties en demandaient le renvoi devant notaire, doivent motiver leur décision. Cette jurisprudence va même plus loin et exige que, dans ce cas, les tribunaux expliquent, en outre, dans les motifs de leurs jugements, en quoi la vente à la barre offre pour les parties plus d'avantages que celle devant notaire. Plusieurs des décisions citées plus haut (1) forment sur ces deux points une jurisprudence qui n'a jamais varié.

25 — Quelle est la cause d'une divergence aussi profonde et persistante sur des points si importants? Elle n'apparaît pas tout d'abord et on a même quelque peine à s'expliquer comment cette divergence a pu se manifester et s'affirmer, alors que les Cours d'appel, si les décisions dont elles étaient saisies leur semblaient mal ou insuffisamment motivées, pouvaient se borner à les réformer par des motifs différents ou à les confirmer par des motifs plus complets.

Peut-être faut-il chercher cette cause dans le désir qu'elles ont eu d'essayer, par ce moyen, de déterminer et de fixer les règles dont manquaient les tribunaux, pour user du pouvoir discrétionnaire d'appréciation que leur donne la loi. Nous exami-

---

(1) V. suprà § 2.

nerons plus loin dans quelle mesure cet essai a produit un résultat efficace et pratique (1).

26 — Quoiqu'il en soit, les difficultés rencontrées par le juge, pour apprécier le véritable intérêt des parties, avaient comme corollaire les mêmes difficultés pour formuler les motifs de ses décisions. On pourrait peut-être se demander si cet état de choses a été complètement étranger au système admis et consacré par la Cour de cassation. Ce système fait disparaître pour les tribunaux tout embarras juridique et pratique de motiver leurs décisions. Le juge devient, en réalité, un juré décidant en son âme et conscience, sans avoir à formuler les motifs du jugement qu'il rend en vertu de son pouvoir discrétionnaire d'appréciation.

27 — Pour en arriver à ce système, elle a dû, malgré le principe d'ordre public inscrit dans les art. 7 § 2 in fine de la loi du 20 avril 1810 et 141 in fine C. pr. civ., si fréquemment appliqué par ses arrêts et suivant lequel les décisions non motivées sont nulles, déclarer qu'exception est faite en matière de renvoi et de retenue des ventes judiciaires d'immeubles. Nulle part, relativement à ces ventes, n'est énoncée une semblable exception, qui, pour être admise en présence des termes si formels de la loi de 1810 et du C. pr. civ., paraîtrait demander peut-être un texte qui la spécifiât nette-

---

(1) V. infrà Chapitre II, Sect. III, §§ 1 et 2.

ment. Mais, suivant ses arrêts, là Cour suprême trouve cette exception suffisamment formulée par le pouvoir discrétionnaire dont la loi elle-même investit le juge, pour apprécier s'il y a lieu de retenir ou de renvoyer la vente.

Bien que ces décisions ne le disent pas, elles ont vraisemblablement aussi, pour admettre cette exception, fait rentrer les jugements rendus en cette matière dans la catégorie de ceux purement préparatoires qui, ne préjugeant rien, n'ont pas besoin d'être motivés (1).

28 — Quelle que soit la facilité qu'il donne au juge pour éviter l'embarras de motiver sa décision et à cause même de cette facilité, ce système, s'il était adopté par les tribunaux, serait de nature à produire un résultat fâcheux en présence de la jurisprudence des Cours d'appel.

Les jugements autorisant, dans une procédure en expropriation, la conversion en vente sur publications volontaires et fixant le mode de vente, sont en dernier ressort ; mais il n'en est pas de même de ceux rendus dans les autres procédures de ventes judiciaires d'immeubles, pour déterminer la façon dont la vente aura lieu. Si bien les premiers sont à l'abri d'une réformation par les Cours d'appel, devant lesquelles ils ne sont pas suscepti-

---

(1) D. A. V° *Jugement,* n° 965 et Req. 20 juillet 1858 (D. P. 58. 1. 403. — S. 59. 1. 497); V. cependant Civ. cass. 20 décembre 1854 (D. P. 55. 1. 93).

bles d'aller, et de la censure de la Cour de cassation, dont ils auraient appliqué la jurisprudence, les autres seraient, au contraire, assurés d'une réformation s'ils arrivaient, dénués de motifs, devant les Cours d'appel.

Appliquant leur jurisprudence, celles-ci se trouveraient obligées de motiver leur arrêt et seraient même exposées, ignorant les motifs qui ont déterminé les premiers juges, à ne pas tenir compte de ces motifs, qui, connus au contraire d'elles, auraient peut être amené une confirmation du jugement frappé d'appel. Ce serait, en réalité, réduire ces affaires à un seul degré de juridiction, alors que la loi a voulu leur donner la garantie des deux degrés. Ce serait aussi, par l'ignorance où les parties se trouveraient des motifs qui ont déterminé le tribunal et par l'impossibilité pour elles d'en apprécier le mérite, les placer dans une situation pouvant les entraîner à interjeter mal à propos appel et à augmenter ainsi inutilement les frais, déjà considérables, et les lenteurs, déjà sensibles, de la procédure nécessaire pour arriver à la vente.

29 — Le devoir des tribunaux est donc, en pareille matière, nettement tracé : ils doivent motiver leurs décisions et, en outre, faire connaître, dans les motifs, en quoi le mode de vente qu'ils ordonnent offre plus d'avantages que celui qu'ils repoussent.

CHAPITRE II

Recherche de l'intérêt des parties
au moyen des éléments
indiqués par la jurisprudence la plus suivie

30 — Rien dans les travaux préparatoires, non plus que dans le C. c., le C. pr. civ. et la loi du 2 juin 1841, n'est de nature, avons-nous vu (1), à venir en aide au juge, pour lui permettre de discerner le véritable intérêt des parties, seule base de l'appréciation qu'il a à faire et de l'exercice du pouvoir discrétionnaire dont il est investi. Cet intérêt commande-t-il que la vente soit retenue à

______

(1) V. suprà Chapitre I, § 2.

la barre ? Exige-t-il, au contraire, qu'elle soit renvoyée devant notaire ? Tel est le problème — et le mot n'est pas inexact — que, chaque jour, le juge est tenu de résoudre.

31 — Les très-nombreux arrêts de Cours d'appel cités plus haut (1) sont parvenus à fixer trois règles, bien précisées, pour l'exercice du pouvoir discrétionnaire des tribunaux.

Si les immeubles, décident-ils, sont éloignés du siège du tribunal et, en outre, peu importants ou chaque lot peu important, il y a lieu de renvoyer la vente devant le notaire de la situation des biens. Ce mode de vente est plus avantageux pour les parties, disent-ils, à raison de ce que les enchérisseurs, ayant seulement à parcourir une faible distance, se rendront plus facilement auprès du notaire sur les lieux mêmes, les personnes désireuses de se rendre adjudicataires d'immeubles peu importants ne pouvant se trouver que dans un rayon restreint.

Au contraire, si les immeubles forment une propriété importante et doivent être vendus en un seul lot ou si chacun des lots est lui-même important, il y a lieu de retenir la vente à la barre. C'est le mode le plus avantageux pour les parties, à raison de ce que les enchérisseurs, devant l'importance

______

(1) V. suprà Chapitre I, § 2.

des biens à vendre, ne craindront pas de se déplacer et de venir de loin en plus grand nombre au siège du tribunal que dans une commune rurale.

On peut réduire ces trois règles à la formule suivante : importance, morcellement, situation des biens mis en vente. S'agit-il d'immeubles importants à vendre, sans morcellement, ou dont chaque lot est important ? Vente à la barre. S'agit-il d'immeubles éloignés du siège du tribunal et peu importants, ou dont le morcellement rend chaque lot peu important ? Renvoi de la vente devant notaire.

32 — Il est vraisemblable que la Commission instituée, en 1865, au Ministère de la Justice, pour rechercher les améliorations à apporter au C. pr. civ., s'inspira de cette jurisprudence dans la partie de son travail transmise, en 1866, au Conseil d'Etat et que celui-ci s'en inspira, à son tour, dans le projet de loi élaboré par lui et soumis l'année suivante au Corps législatif, qui ne pût le discuter (1). Ce projet de loi contenait un article 28 ainsi conçu : « Par le même jugement (celui validant la « saisie immobilière), le tribunal, selon les distinc-« tions ci-après établies, décide que la vente aura

____

(1) Rapport de M. le Garde des Sceaux précédant le décret du 10 juillet 1883, qui a institué une Commission pour la révision du C. pr. civ. (Rousseau et Laisney, *Recueil périodique*, année 1883, p. 419).

« lieu à l'audience ou renvoie l'adjudication devant
« un notaire ou plusieurs notaires, même devant
« un notaire ou plusieurs notaires résidant hors de
« l'arrondissement. Le jugement désigne le notaire
« ou les notaires qu'il délègue. Le renvoi est pro-
« noncé, si le tribunal, d'office, estime que la vente
« sur les lieux pourra être le mode le plus avanta-
« geux, à raison des circonstances et notamment
« à raison de la valeur peu considérable, ou du
« morcellement, ou de la situation des immeu-
« bles ».

33 — Ces trois règles d'appréciation ainsi déterminées sont-elles de nature à permettre d'obtenir
un résultat pratique? Il s'agit, en pareille matière,
de rechercher et de discerner le véritable intérêt
des parties, et il ne faut pas perdre de vue que
c'est là le but à atteindre dans l'appréciation qui
doit être faite et dans la décision qui désignera le
mode de vente. Pour que les trois règles tirées de
l'importance, du morcellement et de la situation
des biens soient réellement efficaces, il est donc
essentiel, d'un côté, que la valeur des biens, la
nécessité ou l'inopportunité de leur morcellement
et leur éloignement du siège du tribunal soient
eux-mêmes appréciables de la part du juge, et,
d'un autre côté, qu'il y ait corrélation entre l'intérêt vrai des parties et la conséquence que devraient
entraîner la valeur, le morcellement et l'éloignement des immeubles mis en vente.

La pratique des affaires montre que ces conditions ne se rencontrent pas toujours d'une façon bien claire et que, au contraire, entre la conséquence produite sur le choix du mode de vente par la valeur, le morcellement et la situation des biens, d'une part, et, d'autre part, l'intérêt des parties, il n'existe parfois aucune corrélation ; que cet intérêt et la conséquence ainsi entraînée sont même quelquefois en contradiction, et que l'appréciation de l'importance, de la nécessité ou de l'inopportunité du morcellement des immeubles et de leur éloignement ou de leur proximité du siège du tribunal n'est pas toujours possible d'une manière satisfaisante.

Section I

Appréciation de la valeur des biens

---

34. — Renseignements fournis par les parties; autres éléments d'appréciation.

---

34 — Les éléments à consulter par le juge, pour
la recherche de la valeur des immeubles mis en
vente, consistent, tout d'abord, dans les renseignements que les parties fournissent elles-mêmes. En
pratique, ces renseignements se bornent à une note,
proposant un chiffre pour la fixation des mises à
prix, et les tribunaux, s'ils veulent, de ce côté,
pousser plus avant leurs investigations, se heurtent
généralement ou. à l'ignorance dans laquelle les
parties se trouvent des renseignements utiles à
fournir, ou à l'impossibilité dans laquelle elles sont
de s'en procurer elles-mêmes, ou à leur négligence
et à leur inertie.

Le juge peut aussi consulter la nature, la contenance, la consistance des biens. Il a encore l'avis
du conseil de famille, la contribution foncière, les
baux, les titres de propriété ; ce sont même là les
éléments que le législateur de 1841 a eus en vue,
lorsqu'il a supprimé l'obligation d'une expertise
préalable à la fixation des lots et des mises à prix.
Examinons quel secours ces divers éléments d'appréciation peuvent fournir.

§ I

Nature, contenance, consistance des biens
Avis du conseil de famille

---

35 — La nature, la contenance, la consistance des biens mis en vente sont des éléments d'appréciation trop peu précis pour en induire, à défaut d'autres plus sûrs, la valeur même approximative des immeubles. Suivant les régions, les communes, les divers quartiers d'une commune, suivant l'importance des villes, des bourgs, des villages et leurs divers quartiers, les immeubles ont une valeur différente, alors même que leur contenance, leur consistance, leur nature sont les mêmes.

36 — Dans cet ordre d'idées, il est encore d'autres causes nombreuses, notamment l'aménagement et la disposition des bâtiments, la nature des matériaux employés pour leur construction, celle de l'immeuble, de la culture du terrain, l'état des bâtiments et des terres, qui influent d'une façon

très-sensible sur la valeur des biens et qui, cependant, ne peuvent pas être connues du juge, ou tout au moins contrôlées par lui.

37 — C'est seulement dans le cas de vente de biens de mineurs et de ceux qui leur sont assimilés, que, la loi exigeant l'avis du conseil de famille, cet élément sera produit au tribunal, qui devra, conformément aux prescriptions de l'art. 953 C. pr. civ., y trouver l'énonciation de la valeur approximative des immeubles. Cette appréciation, émanant des personnes à qui la loi a donné mission spéciale de veiller sur les intérêts des incapables, n'est certes pas à dédaigner. Elle devrait être prise en sérieuse considération, surtout si le tribunal y trouvait, non pas simplement un avis, mais en même temps les raisons qui ont déterminé les membres du conseil de famille à arrêter au chiffre admis par eux la valeur approximative des biens.

38 — Telles ne sont pas les conditions dans lesquelles cet avis est formulé, et le juge, n'ayant que la conclusion, ne peut pas, à moins de s'exposer à commettre lui-même l'erreur d'appréciation dans laquelle a pu tomber le conseil de famille, accepter, sans la contrôler, l'opinion de celui-ci. Son appréciation ne peut être admise que sous réserve et à la condition d'être soumise à un examen de la part du tribunal, à moins de considérer celui-ci comme ayant une simple mission d'enregistrement à remplir. La loi n'a pas entendu res-

treindre à ce point le rôle du juge ; aussi, suivant sa propre expression, envisage-t-elle comme un « avis » l'opinion formulée par le conseil de famille. Le contrôle dont cette appréciation doit être l'objet de la part du juge ne pourra s'exercer qu'au moyen des autres éléments que celui-ci aura à sa disposition et sera proportionné au mérite de ces éléments eux-mêmes.

39 — Dans le cas prévu par l'art. 2 § 2 de la loi du 23 octobre 1884, cet avis du conseil de famille, bien qu'il y ait des incapables, ne doit même pas être produit.

§ 2.

Moyen tiré de l'impôt foncier

40 — L'impôt foncier est basé sur le revenu net imposable, résultant des évaluations cadastrales. Il ne sera peut-être pas inutile, le cadastre servant ainsi de base à la contribution foncière, de rappeler les conditions dans lesquelles il est établi, afin de déterminer le mérite de l'impôt foncier comme élément d'appréciation de la valeur des immeubles.

41 — Créé, en principe, par la loi du 15 sep-

tembre 1807 (1) , le cadastre, qui est l'état descrip-tif, commune par commune, de toutes les parcelles de propriétés bâties ou non bâties, avec l'estimation des revenus que produit chacune d'elles, nécessi-tait un ensemble considérable de travaux. Les diverses opérations indispensables à son établisse-ment pour toute la France ont exigé une très-longue période de temps, et, si bien les règles de la déter-mination du revenu net imposable n'ont pas été changées, la méthode pour y arriver a subi de nombreuses modifications jusqu'en 1821. Le revenu imposable est déterminé au moyen de diverses opérations , comprenant : la classification des fonds par genre de culture, l'évaluation du revenu des classes, le tarif des évaluations et la distribution ou le classement des parcelles entre les classes établies.

42 — Les règles de la détermination du revenu net imposable ont été fixées par la loi du 3 fri-maire an VII (2) et reproduites par celle du 8 août 1890 (3) ; elles diffèrent suivant qu'il s'agit de propriétés bâties ou non bâties. Le revenu net des premières est ce qui reste de la valeur locative, déduction faite de la somme nécessaire pour indemniser le propriétaire du dépérissement et des frais d'entretien et de réparation, et le revenu im-

---

(1) D. A. V° *Impôts directs*, p. 264.
(2) D. A. V° *Impôts directs*, p. 242.
(3) *Journal officiel* du 12 août 1890, p. 4133 et suiv.

posable est le revenu net moyen calculé sur un nombre d'années déterminé. Le montant de cette déduction pour dépérissement et frais d'entretien et de réparation est du tiers de la valeur locative, s'il s'agit de manufactures, fabriques, forges, moulins et autres usines, et du quart, s'il s'agit de maisons d'habitation. Le revenu net des propriétés non bâties est ce qui reste au propriétaire, déduction faite sur le produit brut des frais de culture, semences, récoltes et entretien, et le revenu imposable est le revenu net moyen calculé sur un nombre d'années déterminé.

Telles sont les bases sur lesquelles les évaluations cadastrales ont été faites et qui ont servi à déterminer le revenu net imposable, sur lequel la contribution foncière est assise.

43 — Au moment où le législateur de 1841 estimait que, pour la fixation des lots et des mises à prix c'est-à-dire, en définitive, pour apprécier la valeur des immeubles, le juge pourrait consulter la contribution foncière, les opérations et évaluations cadastrales étaient récentes, et l'on comprend qu'elles pussent constituer alors un élément d'appréciation. Il n'en est plus et ne peut plus en être de même aujourd'hui, à raison du changement qui s'est produit dans la valeur de cet élément d'appréciation et que nous examinerons plus loin (1).

---

(1) V. infrà Nᵒˢ 52 à 58.

44 — La contribution foncière fournissait un moyen d'arriver à la détermination de la valeur approximative des immeubles ; il était tiré du montant lui-même de l'impôt foncier. Après l'avoir employé pendant longtemps, lorsqu'il s'agissait de rechercher la valeur de la garantie offerte par les biens à hypothéquer en matière de prêt, les notaires ont dû y renoncer depuis plusieurs années.

Primitivement on avait eu l'intention de fixer le revenu cadastral au chiffre même du revenu réel, pour établir au dixième ou au neuvième de celui-ci le montant de l'impôt. Mais ce projet cessa d'être réalisable sur le premier point, à la suite des modifications apportées par les art. 20, 21 et 22 de la loi de finances du 31 juillet 1821 (1) et par l'ordonnance du 3 octobre suivant (2). Avant ces modifications, l'expertise cadastrale, confiée à un agent de l'administration assisté de l'expert et de deux indicateurs, devait offrir des tarifs d'évaluation représentant la véritable valeur des propriétés ; par suite, le revenu cadastral à la matrice foncière devait donner le chiffre exact et réel du revenu.

En vertu de cette loi et de cette ordonnance de 1821, l'expertise cadastrale destinée à fixer le revenu imposable fut faite, non plus par l'administration, mais par des propriétaires classificateurs,

---

(1) D. A. V° *Impôts directs*, p. 266.
(2) D. A. V° *Impôts directs*, p. 267.

choisis par le Conseil municipal assisté des plus fort
imposés. Le tarif des évaluations ainsi établi était
ensuite examiné et approuvé, avec ou sans modifications, par le Conseil. Afin de faire abaisser à un
chiffre moindre le montant de la contribution foncière, les évaluations contenues dans un tarif ainsi
dressé s'éloignèrent — on le comprend facilement
— du véritable revenu des propriétés, et le revenu
cadastral se trouva fixé au-dessous du revenu réel.

45 — Pour pouvoir, au moyen du chiffre de
l'impôt foncier, apprécier actuellement la valeur
approximative des immeubles, il serait nécessaire
que ce chiffre permit encore d'arriver à la connaissance du revenu réel approximatif. Si bien cela a
été possible dans les années qui ont suivi l'établissement du cadastre, cette possibilité n'existe plus
aujourd'hui, parce que les éléments ayant servi aux
évaluations cadastrales ont été profondément modi-
fiés depuis lors.

Etant admis la proportion entre la contribution
et le revenu — proportion qui variait, cependant,
suivant les diverses régions de la France — il
suffisait de multiplier le montant de l'impôt par
dix, par neuf, ou par tel autre chiffre, pour avoir
le revenu réel approximatif, et cette approximation
était plus ou moins grande selon qu'il s'agissait
des régions où les tarifs d'évaluation avaient été
dressés avant ou après 1821. Le revenu réel ainsi
connu approximativement, il était alors possible de

déterminer à son tour la valeur approximative des immeubles. C'était là un moyen à peu près satisfaisant d'obtenir le résultat recherché, et, pendant assez longtemps, il a été employé par les notaires.

46 — Mais le revenu réel s'est modifié successivement, dans une proportion considérable, depuis que les opérations et les évaluations cadastrales ont été faites. Cette modification progressive a été telle que cet élément du calcul à opérer n'a plus permis de procéder comme autrefois, la proportion primitive n'existant plus entre le chiffre de l'impôt et le revenu réel.

Au fur et à mesure de cette modification du revenu réel, on a bien essayé de chercher et de déterminer la nouvelle proportion, créée ainsi entre ce revenu et le montant de l'impôt foncier. Mais la difficulté de l'établir a fini par devenir telle qu'on a dû renoncer complètement à ce moyen, qui aurait conduit à de grosses erreurs d'appréciation.

47 — La cause de cette difficulté de déterminer la nouvelle proportion et de ces erreurs d'appréciation, auxquelles ce moyen aurait donné lieu, provenait de ce que le mérite qu'offraient les opérations et évaluations cadastrales n'était plus le même qu'autrefois. Tout d'abord, ce mérite ne saurait subsister au-delà d'un certain nombre d'années.

Pour en être convaincu, sans même entrer dans le détail des motifs, il suffirait de se reporter aux art. 44 de la loi du 2 messidor an VII (1), encore

---

(1) D. A. V° *Impôts directs*, p. 250.

en vigueur, et 102 de celle du 3 frimaire de la même année, qui ont fixé les diverses périodes, suivant qu'il s'agit de propriétés bâties ou non bâties, au bout desquelles l'évaluation du revenu imposable doit être revisée, et dont les prescriptions ont été reproduites dans l'art. 8 de la loi du 8 août 1890 en ce qui concerne les propriétés bâties (1). Les nécessités budgétaires ont empêché de mettre à exécution les prescriptions de ces deux articles de loi sur ce point.

48 — La revision du revenu imposable n'ayant pas eu lieu, le revenu cadastral, qui sert actuellement de base, est encore celui fixé lors de l'établissement du cadastre et des évaluations cadastrales. Il est donc intéressant, pour apprécier le mérite actuel de ces évaluations, d'examiner les éléments qui ont servi à arrêter celles-ci. Mais, avant de nous livrer à cet examen, il est nécessaire de constater les résultats produits par la loi de finances du 8 août 1890, relativement à l'appréciation de la valeur approximative des immeubles au moyen du montant de l'impôt foncier, tel qu'il va figurer sur le bordereau de la contribution foncière par suite des modifications apportées par cette loi.

49 — Pour les propriétés bâties, l'impôt foncier cesse d'être un impôt de répartition et se trouve transformé en impôt de quotité. La contribution

---

(1) *Journal officiel* du 12 août 1890, p. 4134.

foncière continuera à être réglée en raison de la valeur locative de ces propriétés, sous déduction d'un quart pour les maisons et d'un tiers pour les usines, en considération du dépérissement et des frais d'entretien et de réparation ; mais le taux en est fixé à 3 fr. 20 o/o de la valeur locative. Cette proportion, ainsi établie par la loi entre le revenu net et le montant de l'impôt en principal, permettra donc, en ce qui concerne les propriétés bâties, de déterminer pour l'avenir, d'une manière assez satisfaisante, la valeur approximative de ces propriétés. Cependant, au fur et à mesure que l'on s'éloignera de la date de cette loi, le mérite de cettre proportion tendra à diminuer. En effet, c'est sur la valeur locative des propriétés bâties, telle qu'elle résulte du travail auquel il a été procédé en vertu de l'art. 34 de la loi du 8 août 1885, que le montant de l'impôt foncier est fixé pour l'avenir au taux de 3,20 o/o ; les causes de changement dans cette valeur locative n'en existeront pas moins que par le passé et produiront également leur effet dans l'avenir, en modifiant forcément la proportion véritable entre le montant de l'impôt et la valeur locative, proportion qui pourra arriver ainsi à être ou supérieure ou inférieure au taux de 3,20 o/o.

50 — Quant aux propriétés non bâties, l'impôt foncier continue à être un impôt de répartition ; mais les Conseils généraux et d'arrondissement devront, pour sa répartition, se baser sur les résultats des

travaux d'évaluation exécutés par l'administration en vertu de la loi du 9 août 1879. Ces résultats sont consignés dans un tableau B, annexé à la loi du 8 août 1890, et donnent, pour chaque département, le taux de l'impôt foncier sur la propriété non bâtie par rapport au revenu net imposable. Il ne faut pas accorder à ce taux ainsi déterminé une importance trop considérable au point de vue spécial qui nous occupe. D'une part, en effet, la proportion consignée dans ce tableau entre le revenu net et le montant de l'impôt en principal, est donnée par département et non pas par commune, et encore moins par chaque parcelle ; d'autre part, le travail qui a servi à établir cette proportion n'a pas consisté dans la revision du cadastre (1).

51 — Nous donnons ci-dessous, mais dans l'ordre alphabétique, qui nous a paru de nature à faciliter les recherches, la nomenclature des départements, avec le taux de l'impôt foncier, tel qu'il résulte du tableau B annexé à la loi du 8 août 1890.

Ain 3,38 p. o/o.	Aube 4,50.
Aisne 4,00.	Aude 2,67.
Allier 2,98.	Aveyron 4,50.
Basses-Alpes 4,50.	Belfort 4,50.
Hautes-Alpes 4,50.	Bouches-du-Rhône 4,11.
Alpes-Maritimes 3,51.	Calvados 4,50.
Ardèche 3,64.	Cantal 4,50.
Ardennes 3,66.	Charente 4,50.
Ariège 3,76.	Charente-Inférieure 4,50.

---

(1) V. infrà, n° 58 in fine.

Cher 3,21.
Corrèze 4,50.
Corse 0,94.
Côte-d'Or 4,50.
Côtes-du-Nord 3,73.
Creuse 4,50.
Dordogne 4,50.
Doubs 4,36.
Drôme 4,50.
Eure 4,50.
Eure-et-Loir 4,50.
Finistère 3,77.
Gard 4,50.
Haute-Garonne 3,60.
Gers 4,50.
Gironde 3,94.
Hérault 3,82.
Ille-et-Vilaine 3,73.
Indre 3,45.
Indre-et-Loire 3,41.
Isère 4,50.
Jura 4,50.
Landes 3,25.
Loir-et-Cher 4,19.
Loire 3,99.
Haute-Loire 4,12.
Loire-Inférieure 3,34.
Loiret 3,98.
Lot 4,50.
Lot-et-Garonne 4,50.
Lozère 4,50.
Maine-et-Loire 4,06.
Manche 4,50.
Marne 4,13.
Haute-Marne 4,50.

Mayenne 3,52.
Meurthe-et-Moselle 4,50.
Meuse 4,50.
Morbihan 4,50.
Nièvre 3,02.
Nord 3,45.
Oise 4,50.
Orne 4,50.
Pas-de-Calais 3,64.
Puy-de-Dôme 4,50.
Basses-Pyrénées 3,41.
Hautes-Pyrénées 3,11.
Pyrénées-Orientales 3,66.
Rhône 3,70.
Haute-Saône 4,50.
Saône-et-Loire 4,29.
Sarthe 4,50.
Savoie 3,58.
Haute-Savoie 2,60.
Seine 1,96.
Seine-Inférieure 4,50.
Seine-et-Marne 4,50.
Seine-et-Oise 4,50.
Deux-Sèvres 4,50.
Somme 4,50.
Tarn 4,37.
Tarn-et-Garonne 4,50.
Var 4,06.
Vaucluse 3,56.
Vendée 3,55.
Vienne 3,67.
Haute-Vienne 4,14.
Vosges 4,05.
Yonne 3,94.

§ 3

Moyens tirés des opérations cadastrales

SOMMAIRE

52 — Le revenu net, avons-nous vu, n'existe pour les propriétés non bâties qu'après déduction faite, sur le produit brut, des frais de culture, de semences, de récoltes et d'entretien, et, pour les propriétés bâties, qu'après déduction opérée, sur la valeur locative, de la somme nécessaire pour indemniser le propriétaire du dépérissement et des

frais d'entretien et de réparation, déduction qui, suivant la nature des constructions, est du quart ou du tiers de la valeur locative. La fixation du revenu net a, par suite, exigé l'évaluation, d'une part, du revenu brut des terres et de la valeur locative des constructions, et, d'autre part, des frais à déduire.

Depuis l'époque à laquelle ont été faites les opérations et évaluations cadastrales, ces divers éléments ont subi de nombreuses et profondes modifications, portant soit sur le revenu des terres et la valeur locative des bâtiments, soit sur la déduction à opérer. Ces modifications, qui sont arrivées par la force même des choses, tiennent à des causes générales et spéciales.

53 — Dans les premières, on peut ranger notamment l'établissement de nouveaux marchés et débouchés et de nouvelles voies de communication, la diminution, le déplacement et la suppression d'anciens marchés et débouchés et d'anciennes voies de communication, les variations de la population, de l'industrie et du commerce qui abandonnent, en tout ou en partie, certaines régions, certaines localités, pour se porter vers d'autres. Dans les secondes, on peut citer les variations du prix des salaires des cultivateurs, des instruments agricoles perfectionnés, des bestiaux et animaux d'agriculture, des récoltes et produits agricoles, des matières premières, des salaires des ouvriers

et employés, des machines et instruments industriels perfectionnés, des produits industriels.

54 — Si l'on recherche quelle a été, pour les propriétés non bâties, la conséquence de ces variations,
on constate que les frais de culture, de récoltes et
d'entretien ont sensiblement augmenté , alors,
au contraire, qu'une diminution considérable s'est
manifestée progressivement dans les récoltes et
produits agricoles.

Il suffit, sur ce dernier point, de rappeler les
dures épreuves qu'ont subies et que subissent
encore les agriculteurs. La destruction presque
générale des vignes — qui commencent, il est vrai,
à être reconstituées, mais dont la reconstitution
complète demande encore des avances anormales
et plusieurs années sans produit , avec un alea
redoutable — ; la diminution de près de moitié dans
le prix des cocons et l'abandon presque général de
l'éducation des vers-à-soie, par suite de la destruction des mûriers et de la maladie du ver; l'abaissement dans le prix des céréales et spécialement du
blé; telles sont, on le sait, les principales causes de
la diminution considérable qui s'est produite dans
le rendement des propriétés non bâties. Cette diminution a amené elle-même, dans la valeur des
terres , une dépréciation qui , pour certaines
régions, a dépassé la moitié de la valeur ancienne.

55 — Des efforts ont été faits pour enrayer, tout

au moins, ce fâcheux état de choses, et, dans ce but, diverses lois sont venues soit apporter un dégrèvement pour les impôts des terrains reconstitués en vignes et de la propriété non bâtie en général, soit élever le prix des cocons et des céréales au moyen d'un droit d'entrée protecteur. Mais la situation n'en reste pas moins profondément modifiée sous le double rapport de l'élévation des frais, d'une part, et, d'autre part, de la diminution du rendement, et les évaluations et opérations cadastrales, qui n'ont fait l'objet d'aucune revision, ont ainsi perdu leur mérite primitif pour servir d'élément d'appréciation aujourd'hui.

56 — Si nous passons aux propriétés bâties, nous voyons que, pour les maisons d'habitation, une augmentation presque générale dans leur nombre s'est produite, par suite des nouvelles constructions qu'un mouvement peut-être trop hâtif a fait édifier et qui ont eu pour conséquence une diminution dans la valeur locative. A cette cause générale viennent s'ajouter des causes spéciales, telles que le déplacement qui s'opère de quartier à quartier dans les villes, et de ville à ville. Pour les usines, les variations n'ont pas été moindres et la concurrence étrangère ou nationale, l'élévation des salaires et du prix de la main - d'œuvre ont apporté des perturbations sensibles dans la valeur locative. Qu'il s'agisse de maisons d'habitation ou d'usines, il faut ajouter l'élévation

des frais d'entretien et de réparation et l'augmentation de ce qui doit représenter le dépérissement.

57 — Le revenu cadastral non revisé encore, aussi bien pour les propriétés bâties que pour celles non bâties, ne permet plus aujourd'hui, à la suite des modifications profondes subies par les éléments qui ont servi de base aux évaluations cadastrales, de compter sur le moyen tiré d'une proportion entre le montant de la contribution foncière et le revenu, pour arriver à déterminer la valeur approximative des immeubles. La proportion primitive a cessé d'exister et la proportion nouvelle devrait reposer sur deux bases, dont l'une est inconnue.

58 — Le législateur a dû lui-même reconnaître l'importance de ces modifications : l'art. 9 § 3 de la loi du 21 mars 1874 (1) a prescrit un nouveau classement et une nouvelle cotisation des parcelles, qui, depuis la confection du cadastre, avaient cessé d'être cultivées ou productives; la loi du 9 août 1879 a accordé un crédit spécial, pour couvrir les frais d'une nouvelle évaluation du revenu net imposable des propriétés non bâties; et l'art. 34 de celle du 8 août 1885 (2) a ordonné le recense-

---

(1) D. P. 74. 4. 57. — S. 74. 526.
(2) D. P. 86. 4. 40. — S. 86.41.

ment de toutes les propriétés bâties, avec évaluation de la valeur locative de chacune d'elles.

Cette dernière mesure, qui a été exécutée et va être, pour 1891, suivie de modifications correspondantes sur le bordereau de la contribution foncière, est de nature à rendre au revenu cadastral, mais seulement en ce qui concerne les propriétés bâties, son mérite primitif, pour arriver à la détermination du revenu réel et ensuite de la valeur approximative des immeubles. Par suite, en effet, des art. 4; 5 et 6 de la loi du 8 août 1890, ainsi que nous l'avons vu plus haut (1), l'impôt foncier a été transformé en impôt de quotité pour les propriétés bâties, et son taux fixé à 3,20 p. o/o de la valeur locative. La mesure prescrite par la loi de 1874 n'ayant qu'un objectif restreint, ne peut apporter, au contraire, aucune modification à l'état de choses actuel, relativement à la question qui nous occupe. Quant à l'évaluation nouvelle du revenu net imposable des propriétés non bâties, à laquelle il a été procédé en vertu de la loi de 1879, elle a abouti à un travail, effectué pour toute la France, qui a permis lui-même, ainsi que nous l'avons vu plus haut (2), d'établir dans un tableau annexé à la loi du 8 août 1890, le taux de l'impôt foncier par chaque département sur la propriété

---

(1) V. suprà, nos 48 à 51.
(2) V. suprà, nos 48 à 51.

non bâtie. Mais il ne faut pas perdre de vue que ce travail n'a pas eu pour but, ni pour résultat, de constater le revenu net imposable de chaque parcelle individuellement, ce qui eut impliqué la revision ou le renouvellement du cadastre. Son but et son résultat ont été seulement d'évaluer, d'après les meilleures méthodes statistiques, contrôlées à l'aide de tous les actes authentiques susceptibles de fournir une appréciation sérieuse de la valeur des propriétés, le revenu net des immeubles non bâtis, pris dans leur ensemble et considérés dans chaque commune par nature de culture (1).

59 — Il existe deux moyens de déterminer le revenu réel par les opérations cadastrales ; ils consistent à consulter, l'un, le procès-verbal de délibération du Conseil municipal, et l'autre, les travaux de la sous-répartition foncière faits par l'administration des Contributions directes. Mais, outre qu'ils offrent, comme le moyen tiré de la proportion entre le revenu et l'impôt foncier, le défaut grave résultant de ce que les évaluations et opérations cadastrales n'ont plus le même mérite qu'autrefois, ces deux moyens ont contre eux des inconvénients d'une nature spéciale.

60 — Le procès - verbal de délibération du

---

(1) Rapport à M. le Ministre des Finances sur les résultats de l'évaluation des propriétés bâties, chap. I (*Journal officiel* du 7 juillet 1890, p. 3280, 2e colonne).

Conseil municipal, dans lequel sont détaillées toutes les opérations de l'expertise cadastrale, se termine par un tableau de ventilation qui présente, d'une part, le revenu réel d'un certain nombre de propriétés ou corps de domaines et, de l'autre, le revenu cadastral. La comparaison entre ces deux revenus ne suffirait pas, parce qu'elle donne, pour les propriétés ou corps de domaines seulement qui sont spécifiés dans le tableau de ventilation, la proportion dans laquelle le revenu réel a été atténué pour former le revenu cadastral. Il serait encore nécessaire de déterminer la proportion moyenne indiquant le degré d'atténuation des revenus vrais comparativement aux revenus cadastraux dans la commune. Cette opération difficile exigerait un travail long et délicat, auquel le juge ne peut se livrer et qui manquerait de contrôle s'il était produit par les parties elles-mêmes.

De plus, si bien la minute du procès-verbal du Conseil municipal reste à la mairie de la commune, il n'en est pas de même des détails de la ventilation à laquelle il a été procédé lorsque des modifications ont été apportées au tarif provisoire des classificateurs par le Conseil municipal ou le Préfet. Ces documents, qui, cependant, seraient nécessaires pour le travail de comparaison entre le revenu réel et le revenu cadastral et pour l'établissement de la proportion moyenne d'atténuation, ne se trouvent que dans les bureaux de la direction de l'administration des Contributions directes au chef-lieu du département.

61 — L'opération de la sous-répartition exécutée par cette administration est basée sur une ventilation ; elle contient le travail exposé ci-dessus, consistant dans la comparaison du revenu réel avec le revenu cadastral d'un certain nombre de propriétés ou corps de domaines, et la détermination de la proportion moyenne d'atténuation. Outre que cette opération n'a pas été effectuée dans tous les départements, les documents qu'elle a produits se trouvent seulement à la direction de l'administration départementale.

Ajoutons que cette opération, lorsqu'elle a été faite, a donné lieu à une ventilation sur une plus grande échelle que pour les expertises cadastrales opérées par les classificateurs de chaque commune. Il en résulte que le mérite du travail de sous-répartition foncière est subordonné à cette condition que, non seulement le tarif des évaluations, mais encore le classement, ces deux éléments du revenu cadastral, soient proportionnels de propriétaire à propriétaire dans chaque commune.

62 — Ces deux moyens sont donc, en pratique tout au moins, hors du pouvoir du juge et ne pourraient être employés que par un expert.

§ 4

Moyens tirés des baux, des titres de propriété et des copies des déclarations de successions

63 — En principe, les titres de propriété et les baux constituent certainement l'élément sérieux à consulter. Mais il y a loin de la théorie à la pratique et ces deux moyens d'investigation, dont l'emploi devrait donner un résultat utile, ne répondent pas toujours, en fait, à l'espoir que l'on était en droit de fonder sur eux. Fréquemment les titres de propriété et les baux ne renferment pas des renseignements suffisants pour permettre l'évaluation, même approximative, des biens mis en vente judiciairement ; plus souvent encore ils font défaut.

64 — Les immeubles peuvent ne pas être loués,

leur propriétaire les exploitant ou les occupant lui-même ; c'est là un cas qui se présente fréquemment. Souvent aussi il n'a pas été fait de bail écrit, les immeubles ayant été loués verbalement. Fréquemment encore, et même d'une manière générale dans certaines régions, les immeubles ruraux ont fait l'objet d'un contrat à métayage et la production du bail n'est alors d'aucun secours, puisqu'il ne stipule et ne peut stipuler aucun prix.

65 — Quant aux titres de propriété, la plupart du temps il est répondu au tribunal que les parties ne les ont plus ou ne les ont jamais eus en leur possession et ignorent où ils peuvent se trouver, ou que les frais des expéditions à se faire délivrer par les notaires, détenteurs des minutes, seraient trop élevés et qu'elles ne peuvent pas ou ne veulent pas faire cette dépense.

D'ailleurs, si la propriété a été transmise par suite de décès donnant ouverture à une succession dans laquelle il n'y avait qu'un seul héritier, il ne pourra pas être produit de titre, aucun acte de partage n'ayant été fait, à moins que l'ouverture de la succession soit relativement récente et que les parties, par elles-mêmes et leurs mandataires, n'opposent pas, pour la production des titres antérieurs à cette ouverture, les fins de non-recevoir rappelées plus haut. Si, la succession comprenant plusieurs héritiers, un acte de partage a eu lieu, la valeur y a été énoncée sous cette formule bien

connue : « pour la perception des droits d'enregis-
« trement seulement, les parties déclarent que les
« immeubles faisant l'objet du présent partage,
« sont d'une valeur de... ». Il en est de même en
matière de donation entre vifs, de donation contenant partage et d'échange ; dans ces trois cas, la
formule de la déclaration des parties, relativement
à l'enregistrement, est également bien connue et
peut même ne porter que sur le revenu des
immeubles.

Si la propriété provient d'un legs, le testament
ne contient aucun élément relatif à la valeur de
l'immeuble légué.

66 — Lorsqu'il s'agit de mutation par décès, il
y aurait, à la vérité, un élément qui pourrait suppléer à l'absence d'un acte de partage. C'est la
copie, délivrée par le préposé de l'administration
de l'enregistrement, de la déclaration de succession
faite, de conformité à la loi du 22 frimaire an VII,
au bureau de la situation des immeubles. Ses
frais, extrêmement minimes, ne pourraient pas
soulever d'objection de la part des parties.

67 — Mais, alors même que les tribunaux tien-
draient la main à ce qu'elle soit produite, son examen ne leur serait pas d'un secours bien efficace.
L'évaluation donnée par le déclarant est fournie
pour le revenu seulement et en vue — il faut bien
le dire, puisque c'est là une fraude généralement
commise — d'une base aussi minime que possible

pour la perception des droits de mutation. Ajoutons que cette déclaration peut remonter à une époque plus ou moins reculée et que , dans ce cas, l'évaluation fournie offrira de ce chef une nouvelle cause d'erreur pour le moment où copie en est produite.

68 — Reste le cas où la propriété a été transmise par suite d'achat. De même que les baux s'ils existaient, les titres de propriété pourraient alors donner lieu, en principe, à un examen utile pour la détermination de la valeur approximative des immeubles, si les parties ne soulevaient aucune fin de non-recevoir pour leur production. Néanmoins, le bail et surtout le titre de propriété peuvent remonter à une date éloignée. Il faudra alors évaluer la dépréciation dont les immeubles ont pu être atteints depuis cette époque et la mesure dans laquelle il devra être tenu compte de cette dépréciation, variable suivant la nature des biens, leur état, leur consistance, les régions, la nature des terrains et des cultures.

69 — D'autre part, il arrive fréquemment que la procédure de vente judiciaire porte, non pas sur tous les immeubles ayant fait l'objet des titres de propriété ou des baux, mais seulement sur quelques-uns ou sur une partie de ces immeubles. L'utilité, dans ce cas, de la production de ces titres et de ces baux sera restreinte.

70 — Il suffit d'avoir pratiqué les affaires pen-

dant quelques années, pour remarquer que la tendance des parties est nettement accentuée dans le sens du renvoi de la vente devant un notaire et que, dans plus des deux tiers de ces procédures, c'est ce mode de vente qui est formellement demandé aux tribunaux. La marche ascendante dans cette voie s'accentue même au point que la demande du renvoi devant notaire devient presque la règle, pour peu qu'il apparaisse que le tribunal, reconnaissant son impuissance à motiver ses décisions d'une façon satisfaisante relativement aux exigences de la jurisprudence des Cours d'appel, est disposé à accueillir favorablement les demandes de renvoi (1).

71 — Est-ce à dire que toujours l'intérêt sainement apprécié des parties exige le renvoi demandé ainsi par elles ? La fréquence de ces demandes, qui transformerait en règle générale ce mode de vente, même dans les cas où les bases d'appréciation résultant de la jurisprudence des Cours d'appel auraient, d'une façon évidente et facile, à être employées, indique que, sinon les parties elles-mêmes, tout au moins quelqu'un en leur nom a fait une mauvaise appréciation en réclamant le renvoi de la vente devant notaire.

---

(1) De 1841 à 1880, la moyenne des ventes renvoyées devant notaire a plus que doublé (*Rapport de M. le Garde des Sceaux sur l'administration de la justice civile* pour 1880).

72 — Il y a plus, et si, ne s'en tenant pas seulement à ce qu'on voit, l'on recherche, en outre, ce que l'on ne voit pas de prime abord, certaines constatations sont alors forcément faites.

73 — Sous le rapport de la capacité, des connaissances, de la saine appréciation, les parties sont-elles bien en situation de se former une conviction au sujet du mode de vente le plus avantageux ? Ont-elles même été appelées à réfléchir sérieusement et à fournir leur avis sur ce point? Il n'est peut-être pas un seul dossier de procédure de vente judiciaire qui ne démontre que c'est, non pas la partie elle-même, mais un notaire qui a chargé directement l'avoué de faire la formalité, lui a donné les renseignements et indiqué le mode de vente à demander au tribunal. Nous pourrions même citer le relevé des dépenses de la corporation des notaires d'un arrondissement, sur lequel figuraient les paiements, effectués par la bourse commune, du montant des frais d'avoués et honoraires d'avocats en première instance et en appel, dans deux procédures de ventes judiciaires d'immeubles, qui avaient été retenues à la barre par la décision des premiers juges.

74 — En fait, l'intérêt des parties est-il seul en jeu dans la demande de renvoi de la vente et n'y a-t-il pas, à côté, un autre intérêt quelque peu étranger? Nous sommes convaincu que celui-ci n'est pas la cause de la demande ainsi formulée et

que la personne, dont les conseils ont été recher-
chés ou donnés de son initiative, a émis une
opinion qu'elle a sincèrement cru désintéressée.
Mais, pour une bonne appréciation à émettre, il est
essentiellement dangereux qu'un avis, sur le choix
entre deux manières de procéder, soit fourni par la
personne dont l'une de ces deux manières concilie,
à la fois, son propre intérêt et l'intérêt qu'elle croit
être celui dont elle a mission de faire l'appréciation.

75 — N'est-il pas à craindre que ce conseiller
ainsi choisi ne se trompe, sans s'en rendre compte
lui-même, et que son avis ne se ressente, à son insu
et contre sa volonté, de ces mauvaises conditions
dans lesquelles il est placé pour apprécier sainement? Combien le danger sera encore plus grand
dans le cas où cette personne ne se trouvera pas
armée contre elle-même d'une énergie et d'une
indépendance spéciales. Si ces qualités l'abandonnent, apparaît alors pour elle l'éventualité d'une
vente accompagnée d'honoraires, qu'un jugement
retenant la vente à la barre ne lui permettrait pas
de toucher. Il suffit que cette hypothèse d'une
appréciation erronée puisse se réaliser, pour que le
juge ait l'impérieuse obligation d'apporter, dans
son examen, un soin plus méticuleux et éprouve
une appréhension encore plus grande, dans sa
recherche de l'intérêt des parties.

76 — Celles-ci également peuvent être mal ins-
pirées et se tromper dans leur appréciation person-

nelle sur le mode de vente, dans le cas où elles n'ont laissé à personne le soin de la faire. N'y aura-t-il pas alors à craindre que, voulant prévenir l'éventualité du rejet de leur demande de renvoi devant notaire, elles n'indiquent, à dessein, des mises à prix de beaucoup inférieures au chiffre normal, dans le but de forcer la main au tribunal, pour lui faire appliquer la règle d'appréciation tirée de la valeur des biens à vendre ?

77 — Logiques dans ces agissements, inspirés par la conviction profonde, quoique erronée, qu'ont les parties de l'excellence d'une vente devant notaire, celles-ci pourraient alors continuer à dissimuler au juge la vérité. Peut-être ne faudrait-il pas chercher ailleurs la cause de la difficulté et souvent même de l'impossibilité que rencontrent les tribunaux, pour obtenir la production des baux et des titres de propriété, lorsque les parties prétendent ne pas les posséder ou ne plus les avoir en leur possession ou qu'il n'en existe pas.

§ 5

Conditions défectueuses où est le Juge

SOMMAIRE

78   — Difficultés pratiques.
79   — Notaires; Crédit Foncier; expertise; assurance.
80   — Gravité de l'appréciation de la valeur des biens par le juge.
81   — Erreur du législateur de 1841.
82-83   — Exposés des motifs de la loi du 23 octobre 1884; paroles du rapporteur de celle du 2 juin 1841.
84-85   — Contradiction.
86   — Conséquence des conditions défectueuses où est le juge pour apprécier la valeur des biens.

78 — C'est assez rarement, on le voit, que le juge pourra se trouver en situation d'apprécier, d'une manière satisfaisante, la valeur approximative des immeubles au moyen des éléments que nous venons d'examiner. Notre opinion sur ce point n'est pas exagérée et nous sommes convaincu qu'elle répond pleinement à la réalité des faits. Nous n'en voulons pour dernière preuve que l'embarras où sont les notaires eux-mêmes, en matière de placements hypothécaires, et les divers moyens employés successivement par eux en pareil cas.

79 — Préoccupés avec raison de la responsabilité qu'ils encourent en cette matière, ils cherchent à se renseigner soigneusement sur la valeur des immeubles offerts hypothécairement en garantie. De même que le juge chargé de décider si la vente aura lieu à la barre ou sera renvoyée, ils ont, comme éléments d'appréciation, la contribution foncière, les baux et titres de propriété et la copie des déclarations de successions.

Tout cela ne leur a pas, cependant, paru suffisant. Ils ont, en outre, à leur disposition — ce que ne peut pas faire le juge — la faculté de se rendre compte par eux-mêmes de la situation des immeubles, de leur nature, de leur mode de culture, de leur état, de leur aménagement, en se transportant sur les lieux. Cela ne leur suffit pas non plus.

A l'exemple du Crédit Foncier de France, ils en sont arrivés à faire procéder à une expertise des immeubles, afin de s'éclairer plus soigneusement encore sur leur valeur. Bien plus, il y a quelques années, alors qu'une compagnie d'assurances (1), tombée depuis en liquidation, avait été fondée pour la sûreté du remboursement au prêteur et, par voie de conséquence, pour sauvegarder la responsabilité de l'officier public, quelques notaires faisaient contracter à l'emprunteur une police d'assurance,

---

(1) Cie anonyme d'Assurances à primes fixes *L'Hypothèque Foncière*, Siège social à Paris, rue Laffite, 40.

trouvant que, même après une expertise préalable, leur appréciation de la valeur des immeubles pouvait laisser à désirer au point d'engager leur responsabilité.

80 — Nous ne méconnaissons pas qu'il ne saurait être fait de comparaison entre le résultat, pour le notaire et le prêteur, d'une erreur d'appréciation dans la valeur des immeubles à hypothéquer et celui d'une erreur par le juge dans l'évaluation des biens mis en vente ; dans le premier cas, les conséquences sont autrement graves que dans le second. Mais les difficultés n'en subsistent pas moins, si le juge est réduit aux éléments d'appréciation que nous venons d'examiner. Et comme, d'un côté, l'évaluation des immeubles doit, en cas d'éloignement ou de proximité de ceux-ci du siège du tribunal, entraîner le renvoi de la vente devant notaire ou sa retenue à la barre, et que, d'un autre côté, le mode de vente, suivant qu'il aura été approprié ou non à l'importance des biens, sera avantageux ou désavantageux pour les parties, l'appréciation de cette valeur par les tribunaux est chose grave.

81 — Tout en faisant la part de la différence qui existe entre ces deux situations du notaire et du juge, nous nous demandons si ce n'est pas à tort que le législateur de 1841 a pensé que les tribunaux auraient à leur disposition des éléments sérieux pour apprécier la valeur des immeubles, en

dehors d'une expertise préalable, et si, depuis lors, il n'a pas paru regretter lui-même cette opinion.

82 — Dans l'exposé des motifs de la loi du 23 « octobre 1884, on lit ce qui suit : « On a proposé « de simplifier, pour les ventes judiciaires d'im- « meubles de peu d'importance, les formalités « prescrites par les lois sur la procédure. Mais « cette proposition se heurte à une objection pra- « tique, à peu près insurmontable ; en effet, pour « appliquer une procédure spéciale à la vente de « certains immeubles au - dessous d'une valeur « déterminée, il faudrait que cette valeur pût être « connue dès le début de la procédure. Or, en « dehors du prix fixé par l'adjudication, tout mo- « yen d'appréciation de la valeur d'un immeuble, « par exemple, le montant de l'impôt foncier, est « nécessairement défectueux. Il y aurait de graves « inconvénients à faire dépendre d'un criterium « aussi imparfait l'application de tel système plus « compliqué et plus coûteux ou de tel autre systè- « me plus dégagé de formalités et plus économi- « que » (1).

83 — Lors de la discussion de celle du 2 juin 1841, au contraire, le rapporteur s'était notam- ment exprimé ainsi : « Nous rappelons qu'il sera

---

(1) Exposé des motifs présenté à la Chambre des Députés le 26 novembre 1881 (*Journal officiel* de décembre 1881, annexe 134, p. 1843).

« rarement, à l'avenir, recouru à des expertises ». Et plus loin , il continuait dans ces termes : « La « mise à prix par le tribunal sera non moins « aisément fixée sans ce secours (l'expertise) et à « l'aide des moyens indiqués pour la vente de « biens de mineur » (1).

84 — Ainsi, à quarante ans de distance, le législateur se contredit et, après avoir proclamé que l'expertise est , pour ainsi dire , inutile parce que les tribunaux ont des *moyens faciles* de s'en passer , il déclare , plus tard , non moins formellement , que ces mêmes moyens , jadis faciles , *sont nécessairement défectueux et qu'ils créent une objection pratique à peu près insurmontable.* Or, il ne faut pas oublier que les moyens dont il s'agit ont pour but de déterminer les mises à prix et, par conséquent, d'apprécier la valeur des immeubles. A quel moment a-t-il entrevu la vérité sur ce point ? Est-ce en 1841 ou en 1884 qu'il faut se placer, pour savoir si ces éléments d'appréciation ont été bien ou mal envisagés par lui ?

85 — Relativement à la contribution foncière, le doute ne paraît guère possible, et, si bien en 1841 elle pouvait avoir une portée , il n'en était plus de

---

(1) Rapport à la Chambre des Députés au nom de la Commission par M. Pascalis (D. A. V° *Vente publ. d'im.*, p. 579 et 580).

même depuis longtemps en 1884 (1). Nous croyons, du moins, l'avoir démontré (2) et notre prétention va encore jusqu'à avoir établi que les autres moyens, préconisés comme faciles en 1841 , ne l'étaient pas à cette époque et ne le sont pas devenus depuis (3). En tout cas, il faut retenir que le législateur de 1884 a laissé , au moins , percer indirectement quelque regret de l'opinion qu'avait cru devoir adopter celui de 1841.

86 — Imperfection, insuffisance, absence même des moyens indiqués dans le but de déterminer, sans expertise préalable, la valeur approximative des immeubles mis en vente, telle paraît être la conclusion qui s'impose pour la plupart des cas. De cette constatation il ressort que l'expertise préalable, contrairement au sentiment du législateur de 1841, ne devrait pas être considérée a priori comme un moyen exceptionnel. Cette loi, heureusement, n'a point supprimé ce moyen d'appréciation et s'est bornée à le rendre facultatif d'obligatoire qu'il était auparavant. Fort sagement, on s'est refusé à entrer dans la voie d'une suppression complète de l'expertise préalable, que plusieurs Cours et Tribunaux, à cette époque, conseillaient imprudemment de suivre.

---

(1) V. Rapport de M. Rameau à la Chambre des Députés sur le projet de loi concernant les ventes judiciaires d'immeubles (Rousseau et Laisney. *Recueil périodique,* année 1881, p. 94).

(2) V. suprà §§ 2 et 3.

(3) V. suprà §§ 1 et 4.

§ 6

Moyen tiré de l'expertise préalable

---

87 — Grâce à cette prévoyance, le juge a conservé la faculté de recourir à cette mesure d'instruction, dont il n'use — il faut le constater — que rarement (1). Ne serait-ce pas à tort que l'expertise

---

(1) Le nombre des expertises a été en France de :

260 p. 23293 ventes jud. d'im., en	1882	soit	1,11 p. %
226 — 23603	—		1883 — 0,95 p. %
245 — 23993	—		1884 — 1,02 p. %
263 — 25895	—		1885 — 1,01 p. %
282 — 28069	—		1886 — 1,00 p. %
et 348 — 30229	—		1887 — 1,15 p. %

(*Compte général de l'administration de la justice civile* pour chacune de ces six années).

est ordonnée ainsi à titre exceptionnel, puisque l'évaluation des immeubles est la base de l'appréciâtion pour le discernement du mode de vente, que ce mode, suivant le choix opéré, sera avantageux ou désavantageux aux parties, et qu'en dehors d'une expertise préalable tout moyen de déterminer la valeur des biens est défectueux la plupart du temps et parfois impossible en réalité ?

88 — Il n'y a pas ailleurs que dans le sentiment manifesté par le législateur en 1841, dans l'engouement qui s'est produit à cette époque pour l'existence de prétendus éléments d'appréciation rendant inutile l'expertise préalable, dans la force d'une habitude prise, imposée peut-être par le courant de l'opinion publique et consacrée, pour ainsi dire, par le long temps depuis lequel elle est suivie, dans la crainte d'être accusé de ne pas éviter assez soigneusement des frais considérés communément comme élevés et inutiles, et, plus tard, dans l'hésitation à paraître revenir en arrière à l'encontre de ce qui avait été apprécié comme constituant une amélioration, il n'y a pas, croyons-nous, à chercher ailleurs les véritables causes du maintien, à titre d'exception par les tribunaux, de l'expertise préalable.

89 — Entre le surcroît des frais entraînés par cette expertise et l'avantage indiscutable de la seule évaluation satisfaisante des immeubles à obtenir par ce moyen, l'hésitation s'explique difficilement

Sans vouloir donner à une statistique plus de portée qu'elle ne doit en avoir, il n'est peut-être pas sans intérêt de consulter le compte général·de l'administration de la justice civile pour l'année 1887, afin de se faire une idée approximative du nombre de cas dans lesquels les tribunaux ont mal apprécié la valeur des immeubles mis en vente et occasionné ainsi ultérieurement des frais considérables aux parties. Sur 3o 229 ventes à la barre ou devant notaire, il y a eu 1833 baisses de mises à prix, soit 6,o6 p. o/o, et 5 832 surenchères, soit 19,29 p. o/o. Si l'on admet, d'une part, que les mises à prix n'ont pas été couvertes parce qu'elles étaient trop élevées et, d'autre part, que les surenchères ont été amenées parce que les mises à prix étaient trop basses, la proportion des ventes dans lesquelles la valeur des immeubles aurait été mal appréciée serait de 25,35 p. o/o.

Mais ce chiffre ne saurait être retenu en entier comme exact, car ces 3o 229 ventes en comprennent 13 32o sur saisie immobilière ou sur conversion, dans lesquelles les mises à prix sont fixées par les parties, sans que le tribunal puisse en modifier le chiffre. La statistique de 1887 n'indique pas combien , sur les 5 832 surenchères, il y en a d'afférentes aux ventes sur saisie et sur conversion ; il est vraisemblable, cependant, que ce nombre doit être approximativement proportionnel à celui des ventes, et, sous ce rapport, les deux cinquièmes des surenchères devraient être considérés comme spéciaux aux ventes sur saisie et sur conversion et trois cinquièmes pour les autres ventes. En mettant les choses au mieux et en admettant, au contraire, trois cinquièmes des surenchères comme afférents aux premières et deux cinquièmes seulement pour les secondes, il y aurait eu 2 332 surenchères pour les ventes dans lesquelles la mise à prix est fixée par le juge. On aurait ainsi une proportion de 13,79 p. o/o de surenchères pour ces 16 909 ventes, qui, jointe à celle de 6,06 p. o/o pour les baisses de mises à prix, donne une proportion totale de 20 p. o/o environ pour les ventes dans lesquelles les tribunaux, en appréciant mal la valeur des immeubles, ont entraîné par ce fait un surcroît de frais pour les parties (1).

90 — La crainte de l'augmentation des frais qu'occasionne une expertise préalable est, d'ailleurs, elle-même exagérée; une expertise dans cette matière en entraîne peu, si l'on se reporte aux modifications introduites par la loi du 2 juin 1841, précisément dans ce but. Un expert unique peut toujours être nommé (C. pr. civ., art. 955 et 971) et son serment prêté devant le juge de paix de son

---

(1) Les chiffres de la statistique des années antérieures donnent une proportion à peu près semblable : 19,72 p. o/o pour 1886; 20,32 p. o/o pour 1885; 20,83 p. o/o pour 1884 ; 19,67 p. o/o pour 1883 et 18,67 p. o/o pour 1882.

canton (art. 956 et 971); le rapport doit se borner à l'indication sommaire des bases d'estimation et ne pas entrer dans le détail descriptif des biens à vendre (art. 956 et 971). S'il s'agit d'une vente par licitation, l'entérinement du rapport a lieu par simple acte de conclusion d'avoué à avoué (art. 971) et, dans les autres ventes judiciaires, s'obtient par une simple requête (ordonnance 10 octobre 1841, art. 9). En aucun cas, le rapport ne doit être levé, ni signifié ; cette prohibition résulte, en matière de licitation, des prescriptions de l'art. 972 C. proc. civ., aux termes desquelles on doit se conformer aux formalités prescrites pour la vente des biens de mineurs, et encore de l'art. 10 § 2 ordon. 10 octobre 1841 qui, en accordant une vacation pour prendre communication du procès-verbal d'expertise, indique bien que celui-ci ne doit pas être levé ni signifié, et, pour les autres ventes judiciaires, des art. 956 § 2 C. proc. civ. et 9 § 2 ordon. 10 octobre 1841. Ces modifications ont une influence considérable sur le coût d'une expertise et en diminuent le montant dans une très-grande proportion.

91 — Lors de la discussion de la loi de 1841, la Commission du gouvernement avait décidé que le rapport serait envoyé « sans déplacement » de l'expert. De ce chef, une nouvelle diminution se serait produite dans les frais de l'expertise, qui auraient compris en moins l'indemnité de transport accordée par le tarif.

Les mots « sans déplacement » ayant disparu de la rédaction définitive et l'art. 15 § 6 du tarif, qui a suivi la loi, accordant à l'expert une vacation et une indemnité de transport pour le dépôt de son rapport, la modification proposée s'est trouvée écartée. Elle ne paraît pas, cependant, de nature à offrir aucun danger et correspond à ce qui a lieu fréquemment en pratique, sans qu'aucun inconvénient sérieux ait été signalé ; l'économie en résultant serait sensible. Aussi pensons-nous qu'à raison de la diminution de frais que procure le dépôt du rapport sans déplacement de l'expert, les tribunaux agiraient sagement en prescrivant cette mesure dans le jugement qui ordonne l'expertise. Aucun article du C. proc. civ., ni de l'ordon. de 1841 n'impose le dépôt par l'expert lui-même et ne prohibe celui effectué par une autre personne en son nom, l'avoué, par exemple.

92 — Jointes à celles résultant des modifications apportées par la loi de 1841, cette nouvelle diminution des frais restreint dans une proportion importante le coût de l'expertise. Le double tableau suivant, qui est établi sur les bases du tarif légal, montre que les frais, ainsi diminués, sont peu élevés, surtout dans les ventes autres que la licitation.

93. — **Expertise, sans incident, devant un tribunal de la 3e classe du tarif, dans une vente judiciaire d'immeubles d'une valeur de 5 000 fr.**

Ordonnée par jugement sur requête

Ordonnée par jugement sur exploit

Ordonnée par jugement sur requête

— Requête au juge de paix et ordonnance pour la prestation de serment de l'expert :
timbre 0,60 ; enregistrement et décimes, 1,88................ 2,48
— Signification à l'expert des requête et ordonnance, avec sommation de prêter serment :
original 1,50 ; copie 0,38. 1,88
timbre 1,80 ; enregistrement et décimes 1,25..... 3,05 } 5,33
copie des requête et ordonnance à 0,20 par rôles (2 rôles)................ 0,40
— Procès-verbal de prestation de serment :

(citations)

— Lois des 22 frimaire an VII art. 68 § 1 et 28 février 1872 art. 4.

— Décret du 16 février 1807 art. 21, 22, 28 et 29 ; lois des 22 frimaire an VII art. 68 § 1 et 28 février 1872 art. 4.

— Lois des 22 frimaire an VII art. 68 § 1 et 28 février 1872

Ordonnée par jugement sur exploit

1 — Requête au juge de paix et ordonnance pour la prestation de serment de l'expert :
timbre 0,60 ; enregistrement et décimes 1,88................ 2,48
2 — Signification à l'expert des requête et ordonnance, avec sommation de prêter serment :
original, 1,50 ; copie 0,38. 1,88
timbre 1,80 ; enregistrement et décimes 1,25..... 3,05 } 5,33
copie des requête et ordonnance à 0,20 par rôle (2 rôles)................ 0,40
3 — Procès-verbal de prestation de serment :

enregistrement et décimes. 1,88
au greffier de paix : à titre de
remboursement du timbre
0,80, mention au répertoi-
re 0,25 .... 1,05 } 2,93

4 — Vacation à l'expert pour prêter
serment...... 6,00

5 — Minute du rapport :
vacations à l'expert pour les
opérations de l'expertise.. 36,00
vacations pour la rédaction
du rapport............. 12,00 } 52,95
timbre 1,20 ; enregistre-
ment et décimes 3,75..... 4,95

---

art. 4 ; décret du 24 novem-
bre 1871.

— Ordonnance du 10 octobre
1841 art. 15.
— Décret du 16 février 1807
art. 70 et 156 ; lois des 22
frimaire an VII art. 68 § 1
et 28 février 1872 art. 4.

— Ordonnance du 10 octobre
1841 art. 15 ; lois des 22
frimaire an VII art. 68 § 1
et 28 février 1872 art. 4.

---

enregistrement et décimes. 1,88
au greffier de paix : à titre de
remboursement du timbre
0,80, mention au répertoi-
re 0,25.................. 1,05 } 2,93

4 — Vacation à l'expert pour prêter
serment 6,00

5 — Sommation par acte d'avoué à
avoué aux parties non présentes
ni représentées à la prestation
d'assister à l'expertise :
original 0,75 ; le 1/4 par
chaque copie 0,18 0,93
signification............. 0,25
enregistrement 0,75 par
chaque avoué (1 défendeur) 0,75 } 3,31
décimes en sus.......... 0,18
timbre : original 0,60, co-
pie 0,60................. 1,20

6 — Minute du rapport :
vacations à l'expert pour les
opérations de l'expertise.. 36,00
vacations pour la rédac-
tion du rapport.......... 12,00 } 52,95
timbre 1,20 ; enregistre-
ment et décimes, 3,75 4,95

6 — Dépôt du rapport :
vacation à l'avoué pour
déposer au nom de l'expert 4,50
enregistrement de l'acte de
dépôt et décimes........ 5,63
droit de rédaction, y compris la remise pour le
greffier................ 1,25 } 14,28
décimes................ 0,25
droit du greffier......... 1,50
mention au répertoire 0,10;
timbre 0,25 ; timbre du
dépôt 0,80............. 1,15

7 — Vacation à l'avoué pour prendre
communication du rapport (1).. 4,50

— Ordonnance du 10 octobre
1841 art. 11 ; lois des 22
frimaire an VII art. 68 § 1,
28 février 1872 art. 4, 21
ventôse an VII, 6 prairial an
VII et 23 août 1871 art. 2 ;
décrets des 24 mai 1854 et
24 novembre 1871.

— Ordonnance du 10 octobre
1841 art. 9 et 10.
—   idem.
— Décret du 16 février 1807 art.
28, 29 et 70 ; ordonnance
du 10 octobre 1841 art. 10 ;
lois des 22 frimaire an VII
art. 68 § 1 et 28 février 1872
art. 4.

—   idem.
— Décret du 30 mars 1808 art.

7 — Dépôt du rapport :
vacation à l'avoué pour
déposer au nom de l'expert 4,50
enregistrement de l'acte de
dépôt et décimes......... 5,63
droit de rédaction, y compris la remise pour le
greffier................. 1,25 } 14,28
décimes................ 0,25
droit du greffier......... 1,50
mention au répertoire 0,10;
timbre 0,25 ; timbre du
dépôt 0,80.............. 1,15

8 — Vacation à l'avoué pour prendre
communication du rapport (1).. 4,50
9 — Vacation à l'autre avoué........ 4,50
10 — Acte de conclusion d'avoué à avoué
pour demander l'entérinement du
rapport d'expert :
original 5,50; le 1/4 pour
la copie 1,37............. 6,87
signification 0,25; timbre : } 10,45
original 1,20; copie 1,20.. 2,65
enregistrement et décimes 0,93
11 — Acte de conclusion en réponse.... 10,45
12 — Conclusion déposée : par chaque

8 — Requête pour demander l'entérinement du rapport :
timbre 0,60 ; vacation à l'avoué
5,50.............................. 6,10
9 — Jugement :
enregistrement et décimes 9,38⎫
au greffier : à titre de rem- ⎪
boursement du timbre.... 0,80⎬ 10,53
mention au répertoire 0,10,   ⎪
timbre de cette mention   ⎪
0,25...................... 0,35⎭
____
105,10

A déduire :

1° du chef des soins et démarches pour fixation des mises à
prix qui aurait été dû à l'avoué
en cas de non expertise........ 25,00⎫ 50,00
2° de celui de supplément de remise   ⎬
proportionnelle dû aussi en cas   ⎪
de non expertise.............. 25,00⎭
____
55,10

33 et 69.
— Ordonnance du 10 octobre
1841 art. 9 et décret du 16
février 1807 art. 67.

— Lois des 22 frimaire an VII
art. 68 § 1 et 28 février 1872
art. 4 ; décrets des 24 mai
1854 et 24 novembre 1871.

— Ordonnance du 10 octobre
1841 art. 9 et 10.

— id. art. 10 et 11.

avoué 1,50...................... 3,00
13 — Obtention par l'avoué du jugement
contradictoire d'entérinement du
rapport (par chaque avoué 11,25) 22,50

14 — Jugement :
enregistrement et décimes 9,38⎫
au greffier : à titre de rem- ⎪
boursement du timbre.... 0,80⎬ 10,53
mention au répertoire 0,10,   ⎪
timbre de cette mention   ⎪
0,25...................... 0,35⎭
____
153,20

A déduire :
1° du chef des soins et démarches pour fixation des mises à
prix qui aurait été dû à l'avoué
en cas de non expertise........ 25,00⎫ 50,00
2° de celui de supplément de remise   ⎬
proportionnelle dû aussi en cas   ⎪
de non expertise.............. 25,00⎭
____
103,20

(1) L'art. 1 de l'ordonnance du 10 octobre 1841 accorde au greffier un émolument pour donner communication du rapport d'expert. Nous ne portons pas, cependant, cet émolument dans le tableau ci-dessus par le motif suivant : aux termes du tarif lui-même, cet émolument est afférent, à la fois, à communication du rapport d'expert et à celle du cahier des charges ; il est même de 12 fr. seulement, au lieu de 15 fr., lorsqu'il y a eu expertise.

94 — Du total figurant sur le double tableau qui précède il y a lieu, afin de se rendre un compte complètement exact du surcroît réel de frais occasionné par l'expertise, de déduire deux articles d'émoluments alloués par le tarif dans le cas où cette mesure d'instruction n'a pas été ordonnée. Le premier est l'indemnité de 25 fr. accordée à l'avoué à raison des soins et démarches nécessaires pour la fixation des mises à prix (art. 9 § 4 et 10 § 5 ordonnance du 10 octobre 1841) et, le second, le supplément de remise proportionnelle sur le prix d'adjudication (art. 11 § 17).

95 — S'il s'agissait d'une conversion de saisie en vente sur publications volontaires, l'expertise économique spécialement permise dans les autres ventes judiciaires ne pourrait pas avoir lieu. Les art. du C. pr. civ. relatifs à la conversion sur saisie immobilière ne contiennent pas de disposition de nature à autoriser cette dérogation au droit commun. L'art. 745 prescrit, au contraire, d'insérer dans la requête une mise à prix et déclare même que celle-ci servira d'estimation, ce qui indique bien que, à la différence des cas prévus dans les art. 971, 955 et 956, il ne peut pas, en matière de conversion, y avoir lieu à l'expertise spéciale permise pour les autres ventes.

Les tribunaux n'en auraient pas moins le pouvoir, si la mesure leur paraissait nécessaire, d'ordonner une expertise dans le but de s'éclairer sur la valeur des immeubles, non pas pour la mise à prix, mais pour la décision sur le renvoi devant notaire ou la retenue à la barre. Toutes les fois qu'ils ne trouvent pas, dans les faits de la cause, les renseignements propres à former leur conviction et pourvu qu'il ne s'agisse point d'une preuve interdite par la loi, les juges ont la faculté de recourir à une expertise (1), et aucun texte de loi ne la leur a enlevée sur ce point là en matière de conversion.

96 — Cette mesure d'instruction devrait alors avoir lieu dans les conditions d'une expertise ordinaire et serait vraiment coûteuse. Le tribuna. l'ordonnant d'office pourrait seulement nommer un expert unique (2).

---

(1) Civ. cass. 1ᵉʳ juillet 1856 (D. P. 56. 1. 274 — S. 56 1. 785); Req. 6 juillet 1857 (D. P. 57. 1. 389); Req. 18 mars 1873 (D. P. 74. 1. 265 — S. 73. 1. 268) et Req. 15 juin 1880 (S. 82. 1. 403).

(2) V. notamment Req. 21 juillet 1851 (D. P. 51. 1. 265) et Req. 14 mai 1872 (D. P. 73. 1. 216 — S. 72. 1. 237).

SECTION II

Appréciation du caractère des biens

SOMMAIRE

97.— Influence de la valeur, de la situation et du morcellement des biens sur le mode de vente à ordonner.

---

97 — Lorsque le tribunal a pu se procurer des
éléments sérieux pour déterminer la valeur approximative des immeubles mis en vente, sa mission
est loin d'être remplie complètement. Il lui reste
encore, suivant les règles d'appréciation résultant
de la jurisprudence des Cours d'appel, à rechercher la nécessité ou l'inopportunité du morcellement et ensuite à apprécier, d'une part, si la
valeur ainsi déterminée des biens et, d'autre part,
si leur situation sont telles que la proximité ou
leur éloignement doit entraîner le renvoi devant
notaire ou la retenue de la vente à la barre.

---

§ I

Du caractère d'importance

98 — Quelle limite fixer pour la ligne de démarcation, en deçà de laquelle les immeubles ou les lots
devront être considérés comme peu importants et
au delà de laquelle il faudra les retenir comme importants ? Cette nouvelle appréciation n'offre pas
moins de difficultés que celle de la valeur des
immeubles.

99 — Il n'est peut-être pas possible, en matière
d'appréciation à formuler sur une question quelconque, de trouver une divergence plus grande et
plus accentuée que celle qui s'est produite entre les

diverses personnes appelées à se prononcer sur la limite en deçà et au delà de laquelle les biens ou les lots offrent ou non le caractère d'importance. Si l'on s'en rapportait aux considérations invoquées par les greffiers des tribunaux de première instance (1), lors du projet de loi de 1867 sur les ventes judiciaires d'immeubles, le caractère d'importance devrait être accordé même aux petites parcelles de 600 fr. ou 700 fr. ; on ne peut pas évidemment admettre cette opinion.

100 — Les Cours d'appel n'ont pas fixé cette limite, se sont bornées à affirmer que les immeubles étaient peu importants et n'ont donné, dans leurs arrêts, aucun motif sur ce point . Leur jurisprudence sur l'obligation pour les tribunaux d'indiquer, dans les motifs de leurs jugements, en quoi le mode de vente ordonné offre plus d'avantages que l'autre, ne permettait-elle pas quelque peu d'espérer que les Cours d'appel ne se seraient pas ainsi asbtenues de préciser et de faire elles-mêmes ce qu'elles considéraient, malgré l'opinion de la Cour de cassation, comme obligatoire pour les tribunaux ?

Si quelques arrêts seulement s'étaient bornés à affirmer ainsi le peu d'importance des biens , sans faire connaître par quels motifs ce caractère était

---

(1) *Mémoire au Corps législatif par les Greffiers de première instance.*

accordé aux immeubles, cette omission devrait être prise pour involontaire ; mais c'est d'une façon générale que les arrêts offrent cette lacune, qui paraît, par suite, devoir être attribuée uniquement à la difficulté de fixer la limite dont il s'agit et d'en formuler, même implicitement, les raisons. Les rares décisions qui ont cru pouvoir indiquer une valeur, se bornent, sans toutefois en donner les motifs , à affirmer qu'à tel chiffre un immeuble ou un lot est dénué d'importance ; suivant ces arrêts, jusqu'à 16 000 f., les immeubles continuent à être considérés comme peu importants (1).

101 — Le législateur a été sur le point de formuler son avis : le projet de la loi du 23 octobre 1884, tel qu'il avait été voté par la Chambre des Députés le 29 juin 1882, contenait un art. 6, aux termes duquel le renvoi de la vente devant notaire était obligatoire pour le tribunal, si la majorité des parties le demandait et si la mise à prix n'excédait pas le chiffre de 1 500 fr. (2). Mais cet article fut repoussé par le Sénat et sa suppression votée

----

(1) Grenoble 24 juin 1859 (D. P. 60. 5. 415) ; Riom 7 janvier 1856 (D. P. 56. 2. 73) ; Riom 20 août 1879 (S. 79. 2. 33 — R. N. 79. 721) ; Bourges 21 juillet 1872 (R. N.) ; Rouen 27 décembre 1876 (S. 77. 2. 207 — R. N. 77. 437) et Caen 13 février 1880 (R. N. 80. 608).

(2) *Journal officiel* de janvier 1884, annexe 151, p. 1198 et des 25, 26 et 29 mars et 5 avril 1884.

ensuite par la Chambre ; il n'a donc qu'une valeur très-relative comme appréciation.

102 — Ne faudrait-il pas, cependant, bien que cet art. 6 n'ait pas été maintenu, considérer la loi du 23 octobre 1884 comme formulant, à raison du but qu'elle a voulu atteindre et des motifs qui l'ont fait présenter et voter, une appréciation législative de la limite en deçà et au delà de laquelle un immeuble doit être pris avec le caractère d'important ou non ? Dans ce sens, on pourrait invoquer que le législateur, justement préoccupé depuis long-temps des frais occasionnés par les procédures des ventes judiciaires et absolument excessifs pour les immeubles de peu d'importance, a prescrit les mesures nécessaires afin de diminuer ces frais dans les ventes dont le prix ne dépasse pas 2 000 fr., et que, par conséquent, il a fixé à ce chiffre la limite au delà de laquelle un immeuble doit, au point de vue des ventes judiciaires, cesser d'être considéré comme peu important.

103 — Déjà en 1857, cette question du caractère de l'importance des immeubles mis en vente avait été examinée, en vue de la faire trancher par le législateur. Un projet de loi préparé par M. le Garde des Sceaux, dans le but de diminuer les frais des ventes judiciaires, fut soumis aux Cours d'appel, mais n'eut pas de suite. Son exposé des motifs reconnaissait que la loi du 2 juin 1841 était bonne en principe, mais à la condition de n'être appliquée

qu'aux immeubles d'une valeur importante, et ajoutait qu'il était d'une indispensable nécessité de soustraire à son régime tous ceux dont la contribution foncière en principal n'excédait pas 20 fr. (1).

Plus tard, à la suite des travaux de la commission instituée au Ministère de la Justice pour modifier le C. pr. civ. et de leur examen par le Conseil d'Etat, un projet de loi sur les ventes judiciaires d'immeubles fut déposé au Corps législatif en 1867. Dans ce projet, le législateur s'était préoccupé, pour arriver à une diminution des frais, du degré d'importance des immeubles ; il proposait notamment de prendre, pour base de cette diminution, le chiffre de 10 fr. d'impôt foncier, qui correspondait à une valeur de 5 000 fr. environ (2).

Basé également sur ce chiffre de 5 000 fr. comme valeur des immeubles, un projet de loi vient, en vertu d'un décret du 17 juin 1890, d'être déposé sur le bureau de la Chambre des Députés, par M. le Garde des Sceaux. Suivant son exposé des motifs, ce projet a pour but, en ce qui concerne les immeubles appartenant à des mineurs, de diminuer les frais de justice, en simplifiant les formalités du

---

(1) Bonnesœur, p. 269, renvoi 1.

(2) Rapport de M. le Garde des Sceaux précédant le décret du 10 juillet 1883, qui a institué une commission pour la révision du C. proc. civ. (Rousseau et Laisney, *Recueil périodique*, 1883, p. 423).

partage et en étendant, jusqu'à cette valeur de 5 000 fr., le bénéfice de la loi du 23 octobre 1884.

104 — Un certain nombre de tribunaux croit devoir fixer à partir de 5 000 fr. le chiffre auquel le caractère d'immeubles importants doit être attribué. Cet usage est, sans doute, basé sur le même motif que celui suivi par le tribunal de la Seine, relativement aux autorisations de faire les insertions extraordinaires prévues par les art. 697 et 961 C. pr. civ. et 11 § 5 ordon. 10 octobre 1841. En 1856 et 1865, une Commission de magistrats de ce tribunal a dressé, pour l'usage de celui-ci, des tableaux de taxe, suivant lesquels l'autorisation dont il s'agit ne doit pas être accordée si la mise à prix n'excède pas 5 000 fr. (1).

105 — Si l'on envisageait la question, non plus seulement comme elle l'a été par les Cours d'appel, c'est-à-dire sous le rapport de la catégorie des personnes désireuses de se rendre adjudicataires, mais aussi sous celui des frais, ce serait bien, semble-t-il, au chiffre de 5 000 fr. que devrait être placée la ligne de démarcation au delà et en deça de laquelle les immeubles sont à considérer comme importants ou non. Il résulte des divers comptes généraux de l'administration de la justice civile que les immeubles supportent des frais de vente, dont la progression est d'autant plus élevée que

---

(1) Mathieu de Vienne, p. 26.

.eur valeur est moindre. C'est ainsi que, pour la période de 1876 à 1880, le montant moyen des frais, par 100 f. du prix, a été :

pour les ventes de 500 fr. et moins, de 137 f. 89 c.
pour celles de 501 f. à 1 000 f., de 54 » 37
pour celles de 1 001 à 2 000 f., de 30 » 51
pour celles de 2 001 à 5 000 f., de 15 » 15
pour celles de 5 001 à 10 000 f., de 8 » 46
et pour celles au-dessus de 10 000 f., de 2 » 06 (1)

106 — Quoiqu'il en soit, on est obligé, au moins, de constater, tout d'abord, que les Cours d'appel paraissent se reconnaître elles-mêmes presque impuissantes à fixer cette limite de l'importance des biens et à donner les raisons d'une limite quelconque, et de retenir, ensuite, que les appréciations sur ce point sont tellement divergentes qu'en cette matière il semble difficile de bien discerner où est la vérité et de faire toujours une appréciation satisfaisante.

------

(1) Rapport de M. Marcel Barthe au Sénat au sujet de la loi du 23 octobre 1884 (*Journal Officiel* de janvier 1884, annexe 151, p. 1198).

§ 2

Situation et morcellement des biens

107 — Quelles conditions assigner pour que la situation des biens constitue un éloignement ou, au contraire, une proximité, de nature à faire retenir ou renvoyer la vente ? De même que pour la limite à fixer à l'importance des biens, les arrêts des Cours d'appel se bornent, pour l'appréciation de leur éloignement, à affirmer le fait en déclarant que les immeubles sont éloignés. Sur ce point, il n'était évidemment pas possible de formuler une ligne de démarcation ; en effet, telle localité, bien que située à une distance kilométrique plus considérable que telle autre, pourrait néanmoins et devrait même être considérée comme moins éloignée que celle-ci, sous le rapport des ventes judiciaires, à raison de la facilité plus grande des

communications avec le siège du tribunal au double point de vue des frais et de la rapidité.

108 — Mais précisément à cause de ces investigations spéciales à faire, les tribunaux se trouvent obligés, à la fois, d'avoir sous les yeux des documents spéciaux et de les examiner à ce point de vue particulier. Il nous paraît inutile de faire ressortir la difficulté, pour le juge, d'obtenir des parties la production de documents de cette nature ou de se les procurer lui-même.

109 — Les difficultés sont grandes et les conditions défectueuses lorsqu'il s'agit pour les tribunaux de déterminer la valeur approximative des immeubles. Combien moins encore il est facile pour eux d'apprécier si, en vue d'une vente avantageuse, il y a lieu ou non de les morceler.

110 — Au cas où les biens forment un seul tènement, cette nouvelle appréciation ne peut être faite qu'après avoir déterminé leur valeur générale ; celle-ci fixée approximativement, il devient nécessaire de rechercher s'il est avantageux de morceler ou non en plusieurs lots. Les baux, les titres de propriété, les déclarations de successions, la contribution foncière, alors même que ces divers documents sont produits, n'apportent qu'un secours relatif pour résoudre la question. Seuls, la vue et l'examen attentifs des immeubles, de leurs facilités d'accès, de leur état, du genre de culture qui convient le mieux à leurs diverses portions, de leur configu-

ration même , pourraient permettre une bonne et saine appréciation . Tout examen qui se borne aux documents produits , en dehors d'une expertise, conduira souvent à une appréciation défectueuse et susceptible d'erreur.

111 — Si les biens mis en vente sont formés de parcelles séparées ou détachées , il est nécessaire, une fois la valeur approximative de chacune d'elle fixée , de rechercher s'il serait ou non avantageux de les réunir en totalité ou en partie, pour en former un ou plusieurs lots. Dans ce cas , les conditions pour apprécier sainement sont les mêmes que dans le précédent.

Souvent ni dans l'un, ni dans l'autre, le juge n'a la possibilité, à moins de recourir à une expertise préalable, de se placer dans les conditions nécessaires pour exercer sérieusement le pouvoir d'appréciation dont il est investi.

Section III

Degré d'efficacité des moyens de recherche
de l'intérêt des parties qui précèdent

———

SOMMAIRE

112 — Conditions auxquelles cette efficacité est subordonnée.

———

112 — L'efficacité des trois règles d'appréciation tirées de la jurisprudence des Cours d'appel est subordonnée, tout d'abord, à la condition que l'importance, la situation des biens et la nécessité ou l'inopportunité de leur morcellement puissent être appréciées par le juge. Nous venons de constater qu'assez rarement, sauf le cas d'expertise préalable, il sera en situation d'apprécier ces points d'une manière vraiment satisfaisante.

Outre cette condition, il en est une seconde que ces règles d'appréciation sont tenues de remplir : une corrélation doit exister entre l'intérêt des parties, d'un côté, et d'un autre côté, la conséquence produite sur le choix du mode de vente par l'importance, la situation et la nécessité ou l'inopportunité du morcellement des biens. C'est sous ce rapport qu'il y a lieu maintenant d'examiner le degré d'efficacité.

Application de ces moyens

113 — Trois éventualités peuvent se présenter
où les règles d'appréciation formulées par la jurisprudence seront sans application. L'une est celle
où le renvoi sera demandé devant un notaire résidant au siège du tribunal, pour des immeubles
situés dans la ville même du siège ou à proximité ;
une autre est celle où le renvoi sera aussi demandé
devant un notaire du siège, mais pour des immeubles éloignés.

114 — Dans la première, il n'y a plus évidem_
ment, pour apprécier quel est l'intérêt des parties,
à tenir compte de ce que les enchérisseurs ayant à
parcourir seulement une faible distance, se rendront
plus facilement auprès du notaire sur les lieux
mêmes, ni de ce que les personnes désireuses de se

rendre adjudicataires d'immeubles de peu d'importance ne peuvent exister que dans un rayon restreint. Vente à la barre ou devant notaire résidant au siège du tribunal, peu importe, puisque, dans les deux modes de ventes, les biens seront vendus au même lieu et que la distance à parcourir et les personnes désireuses d'acheter seront les mêmes.

Quel criterium existera alors pour le juge ? Les arrêts des Cours d'appel, pas plus que les travaux préparatoires de la loi du 2 juin 1841 et le projet de celle de 1867, n'en indiquent et n'en laissent soupçonner aucun. Il n'apparaît même pas qu'il soit possible d'en trouver un, tout au moins sur le terrain où cette loi, ce projet et ces arrêts se sont placés.

115 — Il est donc nécessaire, pour discerner quel est l'intérêt des parties, de rechercher une autre base d'appréciation. Si on laisse de côté la valeur, la situation des immeubles, l'opportunité ou l'inopportunité de leur morcellement, avec les conséquences favorables ou défavorables que ces considérations entraînent pour les parties, il ne reste plus guère que les conditions touchant directement au mode de vente lui-même qui puissent être envisagées. C'est sur ce terrain seul, croyons-nous, qu'il est possible de trouver des éléments nouveaux d'appréciation, ceux qui ont servi jusqu'ici faisant tous défaut.

On devrait alors rechercher quel est, des deux

modes de vente, devant notaire et à la barre, celui qui, en principe, offre les meilleures conditions. Nous examinerons plus loin, à ce point de vue, notamment les conditions nécessaires pour une bonne confection du cahier des charges, le jour le plus favorable à la vente, le mode le plus économique, les conditions de la participation du public aux enchères, le degré de concurrence entre les enchérisseurs, l'intervention personnelle du notaire préalablement à la vente (1).

116 — Dans la seconde éventualité, il n'y aura pas, non plus, à prendre en considération la distance à parcourir, ni la catégorie des futurs enchérisseurs, les conditions devant être identiques, sous ce rapport, pour la vente à la barre ou devant un notaire résidant au siège.

Peut-être, cependant, faudrait-il se demander, dans ce cas, si le tribunal, à la condition qu'il ait pu se procurer tous les éléments pour apprécier sérieusement l'intérêt des parties et que cette appréciation soit défavorable à une vente à la barre, ne devrait pas la renvoyer, non devant le notaire réclamé par elles, mais d'office devant celui de la situation des biens.

117 — La troisième éventualité qui peut aussi se produire est celle où, des divers articles d'im-

---

(1) V. infrà Chapitre III, sect. I.

meubles à vendre, les uns sont situés dans la ville même du siège du tribunal ou à proximité, et les autres sont éloignés. A ce cas ne peuvent pas s'appliquer, directement et en entier tout au moins, les règles d'appréciation résultant de la jurisprudence la plus suivie, à moins de faire deux procédures distinctes, l'une, pour parvenir à la vente à la barre des articles situés au siège ou a proximité , et, l'autre, pour arriver à la vente devant le notaire de leur situation des articles éloignés. Cette double procédure entraînerait des frais, dont le chiffre anormal doit faire rejeter ce moyen. Aussi pensons-nous que, pour ce cas spécial, une distinction est à faire suivant : 1° que tous les articles d'immeubles sont importants , 2° qu'ils sont tous, au contraire, peu importants, et 3° que ceux situés au siège ou à proximité sont importants et ceux situés au loin sont peu importants ou vice versa.

118 — Dans la première hypothèse, aucune difficulté pour la solution : tous les articles d'immeubles étant importants , il y a lieu d'appliquer la règle d'appréciation la plus suivie et, par les motifs qui lui servent de base, de retenir à la barre la vente totale.

119 — Pour la deuxième hypothèse, à moins de pratiquer deux procédures de vente et de recourir ainsi à une solution que le chiffre des frais doit faire immédiatement rejeter, on est obligé de choisir entre le renvoi de la vente de tous les

articles d'immeubles devant le notaire de la situation d'une partie d'entre eux ou la retenue à la barre de tous les articles. Si la vente était renvoyée pour le tout devant ce notaire, ce mode serait avantageux pour les articles situés sur les lieux de la résidence de l'officier public ; mais il serait désavantageux pour les articles situés au siège du tribunal ou à proximité et devenus ainsi éloignés eux-mêmes du lieu où s'effectuerait la vente. Le résultat inverse se produirait si , au contraire , la vente était retenue à la barre pour le tout. Ce n'est donc pas au point de vue de la catégorie des futurs enchérisseurs qu'il faut envisager cette hypothèse, pour apprécier quel est le mode de vente que l'intérêt des parties doit entraîner. Ainsi que nous le disions plus haut , il devient nécessaire de rechercher quel est, des deux modes de vente, celui qui, en principe, offre les meilleures conditions. Sur ce terrain seul il sera possible de trouver des éléments permettant de discerner sainement l'intérêt des parties, en vue de la solution à donner à cette deuxième hypothèse.

120 — Pour la troisième, les règles d'appréciation résultant de la jurisprudence la plus suivie et tirées de la valeur, de la situation et du morcellement des biens, permettent d'arriver à un choix du mode de vente. Ce choix devrait être différent, suivant que les articles d'immeubles situés au siège ou à proximité seraient importants ou que, au

contraire, ceux éloignés du siège auraient eux-mêmes ce caractère d'importance . Dans le premier cas, il y aurait lieu de renvoyer pour le tout la vente devant le notaire de la situation des articles peu importants, la catégorie des futurs enchérisseurs ne devant pas craindre de se déplacer pour les articles importants. Dans le second et par le motif contraire, la vente totale devrait être retenue à la barre.

L'appréciation de la valeur des biens, de leur situation, de la nécessité ou de l'inopportunité de leur morcellement étant assez souvent impossible d'une manière satisfaisante de la part du juge, à moins d'une expertise préalable, l'efficacité des bases d'appréciation établies par la jurisprudence la plus suivie se trouverait alors subordonnée, en partie, à l'expertise préalable. Elle disparaîtrait même, partiellement, dans les trois éventualités que nous venons de relater et qui se présentent quelquefois. Poursuivons cet examen du degré d'efficacité.

§ 2

Intérêt. Corrélation. Opposition

SOMMAIRE

121 — Est-il absolument exact que , toutes les fois que des immeubles sont éloignés du siège du tribunal et peu importants, les personnes en situation de devenir adjudicataires existent seulement dans un rayon restreint? Si bien il est certain, en principe, que les personnes désireuses d'acheter des biens de peu d'importance et éloignés du chef-lieu judiciaire , n'existent pas au delà d'un certain rayon, cette règle comporte, néanmoins, des excep-tions résultant notamment de la nature des immeubles mis en vente. Les divers lieux dans lesquels la publicité légale doit être faite par insertions et par placards indiquent que le législateur lui-même en a pensé ainsi.

122 — Quoiqu'il en soit sur ce point, il faut encore se demander si vraiment, chaque fois qu'il s'agira de la vente de biens éloignés du siège du tribunal et peu importants, les enchérisseurs se rendront plus facilement sur les lieux mêmes auprès du notaire que devant le tribunal.

L'exactitude de cette proposition dépend du temps et surtout de la dépense que nécessitera le trajet à effectuer ; c'est parce que ce trajet serait plus dispendieux pour aller au siège du tribunal que chez le notaire, que la vente devant celui-ci attirerait plus d'enchérisseurs. Le moment est donc venu d'examiner la question du coût de chacun des deux modes de vente, puisqu'il s'agit, en définitive, des frais que la vente entraînera pour l'adjudicataire et dont le montant total, par son chiffre plus ou moins élevé dans un mode que dans l'autre, engagera à se rendre devant le notaire ou , au contraire, devant le tribunal.

123 — Il est communément admis que les frais d'une vente renvoyée devant notaire sont de beaucoup inférieurs à ceux d'une vente retenue à la barre ; les notaires considèrent ce point comme n'étant pas susceptible de discussion, et quelques arrêts l'ont même admis formellement (1). Il eut été,

---

(1) V. notamment Rouen 1ᵉʳ août 1860 et Douai 14 novembre 1888 (*Circulaire nº 208 du Comité des Notaires des dé-*

cependant, intéressant d'en faire la démonstration.

Celle-ci a été tentée, il est vrai, mais d'une façon qui laisse beaucoup à désirer, notamment par le Comité des notaires des départements de la manière suivante (1). Le compte général de l'administration de la justice civile, pour l'année 1875, fait connaître que les frais préalables des ventes judiciaires d'immeubles ont été, en moyenne, de 684 fr. pour celles retenues à la barre, et de 517 fr. pour celles renvoyées devant notaire ; d'où la conséquence qu'une différence en moins de 167 fr., en moyenne, existe en faveur de ces dernières.

124 — Pour qu'une démonstration soit bien complète et ne laisse subsister aucun doute, surtout lorsqu'il s'agit de statistique, il est nécessaire de savoir quels éléments ont servi à établir celle-ci et dans quelles conditions ils ont été fournis. Le compte-rendu de la justice civile est fait d'abord pour chaque arrondissement judiciaire, et c'est après la centralisation au Ministère de la Justice que le compte-rendu général est établi pour toute la France. Chacun des notaires de l'arrondissement adresse un état, mentionnant en bloc les frais de toutes les ventes renvoyées devant lui, et c'est sur ces renseignements que la statistique est établie: aucun contrôle pour s'assurer que les états ainsi

---

partements) et Bordeaux 29 septembre 1835 et 26 novembre 1834 (D. A. V° *Vente publ. d'im.*, N° 2004—S. 36.2.141).

(2) *Circ. n° 204 de ce Comité.*

adressés au chef-lieu judiciaire de l'arrondissement, peut-être non collationnés et peut-être aussi établis par un simple clerc, jeune et inexpérimenté, ne renferment pas d'erreurs. Au contraire, pour les ventes retenues à la barre, la personne chargée du travail de statistique est l'un des commis-greffiers assermentés, qui est obligé, en outre, afin de connaître le coût de chacune d'elles, de se reporter aux états de frais taxés et joints aux jugements d'adjudication. La partie du compte général de l'administration de la justice civile concernant les ventes retenues à la barre offre donc, seule, des garanties complètes d'exactitude.

125 — Mais si l'on ne doit sourire d'aucune statistique, il n'est pas défendu, cependant, d'en contrôler les éléments et le résultat. C'est ce que nous avons essayé de faire par un moyen qui nous a paru être le seul véritablement démonstratif, celui de deux tableaux, l'un, pour la vente sur conversion de saisie immobilière, et, le second, pour toutes les autres ventes, établis sur les divers tarifs en vigueur interprêtés par la jurisprudence de la Cour de cassation, donnant le détail de chacun des actes et de chacune des formalités nécessaires pour parvenir à la vente et le chiffre de chacun des droits et émoluments dûs aux officiers publics ou ministériels, ou perçus par la régie de l'enregistrement, ainsi que la date et les articles des décrets, ordonnances et lois contenant tarif en faveur du Trésor ou des agents de la loi.

126 — Vente, en un seul lot, sans expertise préalable et sans incident, de biens de mineur, de failli, dotaux, de succession vacante, etc., ou par licitation, au prix de 5 000 fr. (1)

Retenue à la barre d'un tribunal de la 3ᵉ classe du tarif

Renvoyée devant un notaire résidant hors du siège du tribunal

FRAIS POUR PARVENIR A LA VENTE

Retenue à la barre d'un tribunal de la 3ᵉ classe du tarif		Renvoyée devant un notaire résidant hors du siège du tribunal
1 — Droit de l'avoué pour fixation de la mise à prix .... Mémoire.	— Ordonnance du 10 octobre 1841 art. 9 et 10,	1 — Droit de l'avoué pour fixation de la mise à prix .... Mémoire.
2 — Rédaction du cahier des charges par l'avoué............. Mémoire.	— id. art. 11 et 14.	2 — Rédaction du cahier des charges par le notaire .... Mémoire.
différence du timbre (l'avoué devant grossoyer et le notaire non) 6,00		
3 — Vacation à l'avoué pour le dépôt au greffe...................... 2,45	— id. art. 11.	
4 — Coût du dépôt au greffe :	— Lois des 22 frimaire an VII art. 68 §§ 1 et 2, 18 mai 1850, 28 février 1872, 6 prairial an VII et 23 août 1871 ; décrets des 16 février 1807 art. 168, 12 juillet 1808, 24 mai 1854 et 24 novembre 1871 ; ordonnance du 10 octobre 1841 art. 1.	3 — Coût du dépôt dans les minutes du notaire :
Enregistrement du cahier des charges et décimes.... 1,88		enregistrement du cahier des charges et décimes ... 3,75
droit de communication par le greffier............... 15,00		
droit du greffier pour l'acte de dépôt............... 1,50		vacation au notaire pour le dépôt................... 4,00
timbre dudit acte.... Mémoire.		timbre du dit acte.... Mémoire.
enregistrement de cet acte — 25,96		enregistrement de cet acte — 11,50

et décimes............... 5,63
droit de greffe, y compris
la remise pour le greffier.. 1,25
décimes sur le droit du
greffier 0,25
droit de répertoire 0,10
timbre du dit 0,25
droit d'état............... 0,10
5 — Sommation............... Mémoire.

6 — Vacation à prendre communica-
tion du cahier des charges par
l'avoué non poursuivant., Mémoire.
7 — Placard................. id.
8. — Publicité légale........... id.
9 — Vacation à l'avoué pour légalisa-
tion.................. Mémoire.
10 — Affiches .... id.
11 — Procès-verbal d'apposition.. id.
12 — Vacation à l'avoué pour l'adjudi-
cation et par chaque lot... Mémoire.
13 — Droit de l'huissier audiencier pour
chaque lot 3,75

— Ord. 10 octobre 1841 art. 10.
— id. art. 9 et 10.
— id. art. 9.
— id. art. 11 et 19.
— id.
— Ordonnance du 10 octobre 1841 art. 11.
— id. art. 11 et 19.
— id. art. 4 et 5.
— id. art. 11.
— id. art. 6.
— Décret du 16 février 1807 art.

et décimes............... 3,75
4 — Sommation............... Mémoire.
5 — Vacation à prendre communica-
tion du cahier des charges par
l'avoué poursuivant........... 4,50
6 — Vacation à prendre communica-
tion du cahier des charges par
l'avoué non poursuivant.. Mémoire.
7 — Placard................. id.
8 — Publicité légale .... id.
9 — Vacation à l'avoué pour légalisa-
tion ...., Mémoire.
10 — Affiches................ id.
11 — Procès-verbal d'apposition . id.
12 — Vacation à l'avoué pour l'adjudi-
cation et par chaque lot... Mémoire.

13 — Transport de l'avoué (moyenne

14 — Remise proportionnèlle à l'avoué : 1,50 % .... Mémoire.

15 — Timbre de l'état de frais 0,60

    38,76
    30,70

— Excédent des frais de la vente à la barre sur ceux de la vente devant notaire. 8,06

144 et ordonnance du 10 octobre 1841 art. 14.
— Ordonnance du 10 octobre 1841 art. 11 et 14.

—   id. art. 19.

de 15 kilomètres pour l'aller et autant pour le retour) 13,50

14 — Remise proportionnelle : au notaire 1 p. % et à l'avoué 0,50 p. % .... Mémoire.

15 — Timbre de l'état de frais : du notaire 0,60 et de l'avoué 0,60 1,20

    30,70

— Transport de l'avoué en cas de parcours, non plus de 30 kilomètres, mais de 50 kilomètres (à ajouter) ... 9,00

— Transport de l'avoué en cas de parcours de plus de 50 kilomètres (à ajouter) 22,50

    62,20
    38,76

— Excédent dans ce cas des frais de la vente devant notaire 23,44

(1) Dans ce double tableau, qui a pour point de départ le jugement désignant le mode de vente, les frais qui sont identiques pour certaines formalités, dans la vente à la barre et dans celle devant notaire, ont été portés pour mémoire seulement.

127 — Vente sur conversion de saisie immobilière, en un seul lot, au prix de 5 000 fr., sans incident (¹)

Retenue à la barre d'un tribunal de la 3ᵉ classe du tarif	FRAIS POUR PARVENIR A LA VENTE	*Renvoyée devant un notaire résidant hors du siège du tribunal*
1 — Mention au bureau des hypothèques et vacation à l'avoué........ Mémoire.	— Ordonnance du 10 octobre 1481 art. 2 et 7.	1 — Mention au bureau des hypothèques et vacation à l'avoué........ Mémoire.
2 — Rédaction du cahier des charges par l'avoué.............. Mémoire, différence du timbre (l'avoué devant grossoyer et le notaire non) 6,00	— id. art. 11 et 14.	2 — Rédaction du cahier des charges par le notaire .... Mémoire.
3 — Vacation à l'avoué pour le dépôt au greffe 2,45	— id. art. 11.	
4 — Coût du dépôt au greffe : (Voir le détail au tableau précédent)............... Mémoire et...................... 25,96	— (Voir le tableau précédent).	3 — Coût du dépôt dans les minutes du notaire : (Voir le détail au tableau précédent)............... Mémoire et................... 11,50
5 — Sommation .... Mémoire.	— Ord. 10 octobre 1841 art 10.	4 — Sommation.............. Mémoire.
6 — Vacation à prendre communication du cahier des charges par l'avoué non saisissant.... Mémoire.	— id. art. 9.	5 — Vacation pour prendre communication du cahier des charges par l'avoué non saisissant..... Mémoire.
	— id. art. 9 et 10.	6 — idem, par l'avoué saisissant...... 4,50
7 — Placard.................. Mémoire.	— id. art. 11 et 19.	7 — Placard .... Mémoire.
8 — Publicité légale .... id.	— id.	8 — Publicité légale........... id.
9 — Vacation pour légalisation. id.	— id. art. 11.	9 — Vacation pour légalisation. id.

10 — Affiches.................... id.	— id. art. 11 et 19.	10 — Affiches.................... id.
11 — Procès-verbal d'apposition. id.	— Ord. 10 oct. 1841 art. 4 et 5.	11 — Procès-verbal d'apposition. id.
12 — Vacation à l'avoué et par chaque lot.................... Mémoire.	— id. art. 11.	12 — Vacation à l'avoué et pour chaque lot .... Mémoire.
13 — Droit à l'huissier audiencier par chaque lot 3,75	— id. art. 6.	
	— Décret du 16 février 1807 art. 144 et ordonnance du 10 octobre 1841 art. 14.	13 — Transport de l'avoué (moyenne de 15 kilomètres pour l'aller et autant pour le retour) 13,50
14 — Remise proportionnelle à l'avoué 1 p. %.................... Mémoire.	— Ordonnance du 10 octobre 1841 art. 11 et 14.	14 — Remise proportionnelle au notaire 1 p. %.................... Mémoire.
15 — Timbre de l'état de frais........ 0,60	— id. art. 19.	15 — Timbre de l'état de frais : du notaire 0,60 et de l'avoué 0,60.. 1,20
38,76		30,70
30,70		
— Excédent des frais de la vente à la barre sur ceux de la vente devant notaire ℮ 8,06		— Transport de l'avoué en cas de parcours, non plus de 30 kilomètres, mais de 50 kilomètres (à ajouter)... 9,00
		— Transport de l'avoué en cas de parcours de plus de 50 kilomètres (à ajouter) 22,50
		62,20
		38,76
		— Excédent dans ce cas des frais de la vente devant notaire.............. 23,44

(1) Dans ce double tableau, qui a pour point de départ le jugement désignant le mode de vente, les frais qui sont identiques pour certaines formalités, dans la vente à la barre et dans celle devant notaire, ont été portés pour mémoire seulement.

128 — Ces tableaux démontrent péremptoire-
ment que, soit en matière de conversion de saisie
immobilière, soit dans les autres ventes judiciaires,
une vente renvoyée devant notaire, si celui-ci ne
réside pas à plus de 15 kilomètres du chef-lieu
judiciaire, et celle retenue à la barre donnent lieu, à
quelques francs près, aux mêmes frais. Il faut donc
tenir comme n'étant pas rigoureusement exacte la
proposition émise par les arrêts, qui admettent que
les frais de la vente à la barre sont plus élevés que
ceux de la vente devant notaire. Il faut, en outre,
considérer comme n'étant pas bien complète la
corrélation, indispensable cependant, entre l'intérêt des parties et la conséquence produite sur le
mode de vente, suivant la jurisprudence, par la
situation des immeubles mis en vente et par leur
importance et leur morcellement.

129 — Il y a plus : à mesure que l'éloignement
des biens augmentera, le léger excédent de frais
diminuera à proportion pour la vente retenue à la
barre sur ceux d'une vente renvoyée devant notaire.
Cette diminution proportionnelle est la conséquence de l'indemnité de transport accordée par le
tarif à l'avoué, à raison du nombre de kilomètres
parcourus par lui, pour se rendre chez le notaire
devant lequel la vente a été renvoyée et assister
aux opérations ou prendre communication du
cahier des charges, suivant que l'on s'en rapporte à

l'avant-dernière ou à la dernière jurisprudence de la Cour de cassation.

130 — Cet éloignement des immeubles qui, selon les bases d'appréciation fixées par la jurisprudence, devrait servir de règle pour le renvoi de la vente devant un notaire, finirait par produire un excédent de frais dans une vente devant cet officier public et irait ainsi un peu à l'encontre de l'intérêt des parties. Non seulement il n'y aurait plus alors, entre cet intérêt et la conséquence que devrait entraîner la situation des biens, la corrélation complète et nécessaire pour que cette base d'appréciation fût tout-à-fait efficace ; mais cet intérêt et cette conséquence se trouveraient même en opposition. Sans doute , cette opposition serait d'une importance relative puisqu'elle ne reposerait que sur la conséquence que pourrait produire cet excédent des frais de la vente devant notaire, qui serait représenté par une somme modique ; mais il ne faut pas perdre de vue qu'il s'agit des immeubles peu importants et que , dans ces conditions, les chiffres sont en proportion.

CHAPITRE III

Recherche de l'intérêt des parties au moyen d'autres éléments.

131 — En dehors des bases d'appréciation consacrées par la presque unanimité des Cours d'appel et que nous venons d'étudier, l'intérêt des parties a dû être examiné sous divers autres rapports. Les conditions spéciales à chacun des deux modes de vente permettaient une étude intéressante et utile, qui ne pouvait pas être négligée. L'intention chez le législateur d'avoir peut-être voulu accorder plus de faveur à un mode qu'à l'autre, ainsi que l'accord des parties sur un mode déterminé de vente, demandaient également un examen spécial.

132 — Lors de la discussion de la loi du 23 octobre 1884, au Sénat, son rapporteur a brièvement indiqué quelques éléments d'appréciation de l'intérêt des parties, tirés des conditions spéciales à chacun des deux modes de vente. « Le législateur « a sagement agi en appelant les avoués ou les « notaires, suivant l'appréciation des tribunaux, à « procéder aux ventes des biens immeubles des « mineurs et incapables. Dans certain cas — lors-« qu'on n'a pas à craindre une entente entre des « majeurs spéculant sur le défaut de protection des « mineurs, les ventes par le ministère du notaire « peuvent être préférables . Dans d'autres cas , au « contraire , lorsque des enchérisseurs , ne voulant « pas ou ne pouvant pas se produire personnelle-« ment, tiennent à acquérir par l'intermédiaire d'un « avoué et à ne livrer leur nom qu'après l'adjudi-« cation, ou bien encore lorsqu'on prévoit des « surenchères , qui , devant être portées à l'au-« dience du tribunal, pourraient augmenter consi-« dérablement les frais, il est plus avantageux pour « les mineurs et incapables que leurs biens immeu-« bles soient vendus à la barre » (1).

133 — Ainsi s'exprimait le rapporteur, donnant comme éléments de recherche de l'intérêt des parties, en vue de la désignation du mode de vente,

---

(1) Rapport de M. Marcel Barthe (*Journal officiel* de janvier 1884, annexe 151, p. 1198).

l'éventualité d'une entente frauduleuse, celle de la surenchère et l'opportunité pour certaines personnes d'enchérir par le ministère d'un avoué avec déclaration de command. Il est de toute évidence que, dans ces trois cas, la vente à la barre s'imposerait. Mais la portée de ces éléments d'appréciation est subordonnée complètement à la condition qu'il soit possible au juge, dès avant la vente et au moment où il est appelé à désigner le mode de celle-ci, tout au moins de soupçonner sérieusement une entente frauduleuse ou une surenchère, ou l'obligation pour une personne quelconque de garder l'anonyme au cours des enchères. Et nous nous demandons, sans réussir à faire une réponse satisfaisante, comment il pourra arriver que, dès avant la vente, une présomption quelconque surgisse de l'existence future de l'une ou de l'autre de ces trois éventualités.

Spécialisés ainsi que paraît l'avoir fait le rapporteur, ces éléments d'appréciation nous semblent manquer de portée pratique. Ils ne peuvent en acquérir une que s'ils sont généralisés et à la condition, par exemple, d'être envisagés, non plus en vue d'un cas particulier, mais pour comparer entre elles les conditions de la vente à la barre et de celle devant notaire et pour déterminer quel est, des deux modes, celui qui offre, en principe, les meilleures garanties.

134 — Avec une portée et des appréciations

contraires, les notaires, d'une part, et les greffiers et avoués, d'autre part, dans des mémoires et articles insérés dans les revues et journaux judiciaires, se sont livrés à la recherche et à l'examen de divers éléments de nature à permettre d'apprécier l'intérêt des parties. Suivant que l'on s'en rapporte aux uns ou que l'on adopte la manière de voir des autres, cet intérêt sainement apprécié commanderait le renvoi de la vente devant notaire ou exigerait, au contraire, la retenue à la barre. Des deux côtés, des considérations ont été invoquées avec une conclusion absolument contraire.

135 — Quelques Cours d'appel se sont aussi séparées de celles dont la jurisprudence est la plus suivie et qui s'appuie sur les éléments d'appréciation tirés de la valeur, de la situation et du morcellement des biens mis en vente. Leurs arrêts, peu nombreux, peuvent être considérés, à ce point de vue spécial, comme renfermant trois systèmes qu'il est intéressant d'examiner.

Appréciation suivant les conditions spéciales à chacun des deux modes de vente

SOMMAIRE

136 — En quoi consistent les éléments invoqués par les greffiers, avoués et notaires.

136 — Les considérations contradictoires invoquées par les notaires, les greffiers et les avoués se rapportent notamment : aux conditions nécessaires pour une bonne confection du cahier des charges, au jour le plus favorable à la vente, au mode le plus économique, aux conditions de la participation du public aux enchères, au degré de concurrence entre les enchérisseurs, à l'intervention personnelle du notaire préalablement à la vente, aux conséquences entraînées par les incidents qui surgissent au moment de l'adjudication, à l'engagement pris par un tiers, étranger à la procédure, de porter l'enchère à un prix déterminé d'avance.

§ I

Confection du cahier des charges
Jour favorable et mode économique de vente

137 — La possession des titres de propriété et la connaissance , par leur examen, de l'origine des immeubles mis en vente et des servitudes et charges qui les grèvent, sont nécessaires pour que le cahier des conditions de la vente soit établi d'une manière sérieuse, complète et utile.

Si les parties en cause, voulant fournir au tribunal les éléments indispensables à l'appréciation dont la loi l'a investi, ont fait les diligences utiles afin de se procurer les titres de propriété, et, ayant

cës documents en mains, les produisent à l'appui
de leur demande, le notaire devant lequel la vente
sera renvoyée, et l'avoué, dans le cas où elle sera
retenue à la barre, auront tous deux des documents
complets pour une bonne confection du cahier des
charges. Au contraire, si les parties, n'ayant pas
pu ou voulu se procurer les titres de propriété, ne
les produisent pas au tribunal, notaire et avoué se
trouveront, l'un et l'autre, dénués de renseignements et dans des conditions également défectueuses. Ils en seront réduits, tous deux, à insérer dans
le cahier des charges, comme cela se voit encore
assez souvent, que le propriétaire est en possession
depuis plus de trente ans.

138 — Il ne nous paraît pas qu'il y ait lieu d'at-
tacher une portée bien considérable à la considération tirée de ce qu'une vente renvoyée devant
notaire peut être effectuée un jour de dimanche,
alors que celle retenue à la barre ne le peut pas.

139 — Les fixations des audiences d'adjudications sont faites de manière à correspondre aux
jours des marchés, tenus dans la ville où siège le
tribunal. Cet usage a précisément pour but et pour
effet de donner aux personnes désireuses d'enchérir, des facilités plus grandes de concilier leurs
affaires personnelles avec l'obligation de se rendre
à la barre, et de faire coïncider cette obligation avec
les avantages qu'elles ont à retirer de leur présence

au chef-lieu judiciaire de l'arrondissement, un jour de marché.

Il nous paraît de nature à produire, à peu de chose près, un résultat équivalent à celui qui résulte de la fixation de la vente à un dimanche.

140 — La question de savoir si une vente judiciaire d'immeubles peut même avoir lieu devant notaire un dimanche, n'est pas, d'ailleurs, sans intérêt. Le ministère du notaire est obligatoire, et cet officier public, lorsqu'il est requis par les parties, ne peut pas le refuser hors les cas d'empêchement légitime, notamment : 1º si les personnes qui réclament son ministère sont incapables ; 2º s'il s'agit d'un acte illicite ; 3º si le notaire est empêché physiquement, ou par le jour, le lieu ou l'heure (1). Il est certain également que les actes de son ministère sont surtout des actes de juridiction volontaire, qui peuvent être faits tous les jours de l'année indistinctement.

141 — Quelques-uns, cependant, à raison de leur analogie avec les actes judiciaires, rentrent dans la catégorie des actes de juridiction contentieuse ; tels sont notamment les inventaires , les procès - verbaux de carence , les actes respectueux , les protêts. A plus forte raison doit-il en être ainsi des ventes judiciaires d'immeu-

---

(1) Rolland de Villargues, Vº *Notaire,* nº 355 et 356.

bles, puisqu'elles sont faites en vertu d'une délégation donnée aux notaires par les tribunaux. De
même que le juge, devant lequel il serait procédé à
la vente si elle avait été retenue à la barre, le
notaire, devant lequel elle a été renvoyée, agit
alors en vertu de la mission que lui a donnée le
tribunal. Il représente celui-ci, qui l'a commis, et,
dans ce cas, l'acte qui s'accomplit devant lui, est
censé fait devant le tribunal et en justice.

Cette distinction entre ces deux catégories d'actes
a pour conséquence de placer sur la même ligne,
au point de vue des art. 5 de la loi du 17 thermi-
dor an VI (1), 41 et 57 de celle du 18 germinal
an X (2), 90 du décret du 30 mars 1808 et 63 et
1037 C. pr. civ., les actes du juge, les exploits
d'huissier, les exécutions des jugements et les
actes de juridiction contentieuse des notaires. Les
Cours d'appel qui ont eu à se prononcer sur ce
point, l'ont fait dans ce sens, qui est adopté par la
plupart des auteurs (3).

142 — La loi du 18 novembre 1814 (4) a bien

---

(1) D. A. V⁰ *Jour férié*, p. 206.

(2) D. A. V⁰ *Culte*, p. 685.

(3) Bruxelles 22 mai 1818 (D. A. V⁰ *Exploit*, N⁰ 358) ;
Agen 27 août 1829 (D. A. V^is *Mariage* N⁰ 166 et *Exploit*
N⁰ 359) ; Merlin V⁰ *notaire* § 5 N⁰ 6 ; Massé, livre 1, chap.
16 ; Bioche V⁰ *Fête* N⁰ 4 ; Rolland de Villargues V^is *Fête*
N⁰ 18, *Notaire* N⁰ 394 et *Vente jud.* N⁰ 148.

(4) D. A. V⁰ *Culte*, p. 711.

été abrogée par celle du 12 juillet 1880 (1), qui contient, en même temps, abrogation de toutes lois et ordonnances rendues antérieurement sur la même matière. Mais cette dernière loi mentionne qu'il n'est porté aucune atteinte à l'art. 57 de celle du 18 germinal an X et rien innové aux dispositions des lois civiles ou criminelles réglant les vacances des diverses administrations, les délais et l'accomplissement des formalités judiciaires, l'exécution des décisions de justice. Un notaire ne peut donc pas, en réalité, quel que soit l'usage contraire qui se serait établi, procéder un jour de dimanche à une vente judiciaire d'immeubles.

La loi autorise, il est vrai, à effectuer ce jour là les ventes des meubles saisis ; mais c'est une exception à la règle générale, et on ne peut pas, alors qu'elle est spécialement formulée pour un cas particulier, l'étendre au delà.

143 — Toutefois, la jurisprudence, qui paraît fixée sur ce point, ne considère plus comme nuls les actes du juge, les exploits d'huissier, les exécutions de jugements auxquels il a été procédé un jour de dimanche (2). Il doit en être de même des

---

(1) D. P. 80. 4. 92 — S. 80. 644.

(2) Civ. rej. 7 avril 1819 et 23 février 1825 (D. A. V° *Exploit* N° 359 — 5° et 6° — S. 19. 1. 442 et 25. 1. 233) ; Grenoble 17 mai 1817 ; Rouen 14 janvier 1823 ; Bordeaux 16 juillet 1827 ; Poitiers 26 novembre 1830 ; Montpellier

actes de juridiction contentieuse faits par un notaire ce même jour (1). La vente ainsi opérée en violation de dispositions légales, qui n'en prononcent pas la nullité, pourrait, tout au plus, exposer le notaire à l'amende de l'art. 1030 § 2 C. pr. civ. (2).

144 — Quelle que soit la valeur d'une vente faite dans ces conditions, il n'en serait pas moins singulier que l'on pût, afin qu'ils en tinssent compte dans leur décision sur le mode de vente, comme a cru pouvoir le faire la Cour de Douai (3), invoquer auprès des tribunaux l'avantage éventuel de celle à effectuer, en violation de la loi, un jour de dimanche.

145 — Nous croyons avoir démontré mathématiquement, pour ainsi dire, par les tableaux insérés plus haut et contenant le détail de tous les frais dans chacun des deux modes de vente, qu'alors même que le notaire ne réside pas à plus de 15 kilomètres du siège du tribunal, ceux de la vente

---

24 février 1834; Toulouse 8 mars 1834; Nancy 24 décembre 1834; Douai 3 juillet 1840. (D. A. V° *Exploit*, N° 359 — 1°, 2°, 4°, 5° et 6° — S. 27. 2. 178; 31. 2. 76 et 34.2. 378) et Orléans 22 janvier 1851 (D. P. 51. 2. 147 — S. 52. 2. 253).

(1) Agen 27 août 1829 (D. A. V° *Mariage* N° 166-2°).

(2) Rolland de Villargues, V° *Vente jud.* N° 148.

(3) Douai 12 juillet 1856 (*Circulaire N° 208 du Comité des notaires des Départements*).

à la barre et ceux de la vente devant notaire sont égaux, à quelques francs près, et que les frais de celles renvoyées devant notaire augmentent, en outre, à proportion de la distance de la résidence de cet officier public par rapport au siège du tribunal (1). Nous n'aurions donc pas à revenir sur cette question du mode le plus économique de vente, autrement que pour faire remarquer que les quelques arrêts, cités plus haut à ce sujet (2) et qui ont cru devoir admettre le contraire, se sont tous bornés à émettre la proposition, sans même en donner, sous forme de motifs, la plus légère démonstration. « Attendu, dit notamment l'arrêt « de la Cour de Bordeaux, semblable en cela aux « arrêts ultérieurs, que devant un notaire les « frais pour parvenir à la vente sont moins consi- « dérables ».

146 — Il nous paraît difficile, cependant, de passer sous silence et de laisser, sans l'examiner rapidement, un document qui a la prétention d'établir que les frais d'une vente devant notaire sont moins élevés que ceux d'une vente à la barre. C'est un mémoire adressé, le 21 janvier 1859, au tribunal d'Arras par les notaires de cet arrondissement (3). Il contient les trois tableaux de frais

(1) V. suprà Chapitre II, Sect. III, § 2.
(2) V. suprà Chapitre II, Sect. III, § 2.
(3) *Journal des Notaires*, année 1859, article 16550, p. 222 et suiv.

suivants, que nous reproduisons textuellement, ne serait-ce que pour montrer à quelle exagération favorable les parties intéressées sont exposées, parfois, à se laisser entraîner, à leur insu, au profit de leur propre cause.

1° « Vente de 10 000 fr. en un seul lot :

FRAIS

« devant notaire

« 1° enregistrement............	605,00
« 2° remise au notaire.......	100,00
« 3° id. à l'avoué........	40,00
« 4° expédition en 10 rôles ..	26,25
« 5° transcription	18,00
« total......	789,25
« total des frais à la barre....	921,80
« devant notaire	789,25
« différence..	132,55

à la barre

1° vacation au greffier pour communiquer le cahier des charges	15,00
2° à l'huissier audiencier.....	3,75
3° à l'avoué pour enchérir et se rendre adjudicataire.....	11,25
4° enregistrement, compris droit de rédaction et de greffe......................	660,00
5° Frais de déclaration de command....................	7,80
6° vacation à l'avoué à cet effet......................	4,50
7° expédition évaluée 35 rôles	70,00
8° vacation pour faire transcrire aux hypothèques.....	4,50
9° transcription évaluée......	20,00
10° remise proportionnelle à l'avoué...................	120,00
11° gratification au concierge	5,00
« total......	921,80

2° « Vente de 10 000 fr. en 5 lots et avec adjudicataires différents :

FRAIS

« devant notaire

« 1° enregistrement.............	605,00
« 2° remise au notaire	100,00
« 3° id. à l'avoué.........	40,00
« 4° expédition en 12 rôles...	31,50
« 5° transcription	20,00
« 6° quatre expéditions par « extrait à raison de 2 feuilles et 4 rôles par chacune « d'elles	42,00
« total......	838,50
« total des frais à la barre ...	1370,25
« devant notaire	838,50
« différence .	531,75

à la barre

1° vacation au greffier	15,00
2° cinq droits à l'huissier audiencier	18,75
3° vacations des cinq avoués adjudicataires...........	56,50
4° enregistrement, compris droit de rédaction et de greffe................	660,00
5° remise proportionnelle à l'avoué................	120,00
6° cinq déclarations de command................	30,00
7° cinq vacations à cet effet..	22,50
8° cinq expéditions à 30 rôles	300,00
9° cinq vacations pour transcrire	22,50
10° cinq transcriptions.......	100,00
11° cinq gratifications au concierge................	25,00
total........	1370,25

3° « Vente en un seul lot de 1 000 fr. :

FRAIS

« devant notaire

« 1° enregistrement............	60,50
« 2° remise au notaire.......	10,00
« 3° expédition en 8 rôles....	26,00
« 4° transcription	15,00
« total........	111,50
« total des frais à la barre ...	194,00
« devant notaire	111,50
« différence .	82,50

à la barre

1° vacation au greffier	15,00
2° id. à l'avoué.........	11,25
3° id. à l'huissier.......	3,75
4° enregistrement	66,00
5° déclaration de command..	6,00
6° vacation à cet effet.......	4,50
7° expédition en 30 rôles....	60,00
8° vacation pour faire transcrire................	4,50
9° transcription	18,00
10° gratification au concierge	5,00
total........	194,00

147 — Ces tableaux se terminent, tous trois, par un article, le même dans chacun d'eux, qui est bien de nature à donner le degré d'erreur avec lequel ils ont été dressés. Il concerne le concierge, du palais de justice vraisemblablement, auquel un émolument de 5 fr. par chaque lot est accordé et qui est ainsi élevé inopinément à la dignité d'agent de la loi, dans les ventes judiciaires d'immeubles. Tout commentaire sur ce point est inutile.

148 — Un examen rapide de ces trois tableaux suffira pour constater qu'ils ont été établis, tout d'abord, en ne se préoccupant que d'une façon très-relative des divers tarifs, et ensuite, d'une part, en diminuant et en omettant certains articles de frais dans le tableau de la vente devant notaire, et, d'autre part, en créant, comme pour l'émolument au concierge, et en majorant certains articles de frais dans celui de la vente à la barre. La démonstration de ce que nous avançons est facile à faire.

149 — La remise de l'avoué, qui est portée au chiffre de 40 fr. dans les frais devant notaire, est en réalité de 50 fr., puisque le prix d'adjudication s'élève à 10 000 fr. Elle n'est due, sans doute, que si le prix dépasse 2 000 fr.; mais elle doit être calculée sur la totalité du prix, sans distraction des premiers 2 000 fr. (1). Un rôle d'expédition de

____

(1) Art. 11, § 14, ordonnance 10 octobre 1841; Civ. cass. 4 novembre 1857 (D. P. 58. 1. 35 — S. 58. 1. 466).

notaire renfermant 750 syllabes (1) et celui d'une expédition de greffier en contenant 400 (2), il en résulte que 35 et 30 rôles d'expédition de greffier équivalent à 18 2/3 et à 16 rôles d'expédition de notaire et non pas à 10 et à 8, comme l'indiquent les tableaux 1 et 3. On ne s'explique pas, non plus, pour quelle raison, dans le tableau 2, il est porté simplement quatre extraits et une expédition complète délivrés par le notaire, alors qu'il est porté cinq expéditions complètes délivrées par le greffier. Si les extraits sont suffisants de la part du notaire, ils le sont également de la part du greffier, aucun texte de loi n'existant sur ce point pour faire une différence entre eux. Ces diminutions et ces majorations du nombre de rôles et d'expéditions rendent inexacts les chiffres, tels qu'ils sont mentionnés dans les trois tableaux, du coût réel, non seulement de ces expéditions, mais encore de la transcription au bureau des hypothèques. Ces frais devraient être augmentés pour le coût de la vente devant notaire et diminués pour celui de la vente à la barre.

150 — Lorsque la vente est renvoyée devant notaire, le tarif accorde une vacation pour prendre

---

(1) Art. 174 décret 16 février 1807 (l'art. 14 ordonnance 10 octobre 1841 réglant seulement la grosse du cahier des charges).

(2) Art. 6 loi 21 ventose an VII.

communication du cahier des charges, non plus seulement à l'avoué non poursuivant, mais aussi à celui qui poursuit la vente et qui, dans ce cas, n'a pas lui-même dressé le cahier des charges (1). Ce dernier a droit, en outre, à une indemnité de transport, à raison du nombre de kilomètres parcourus pour se rendre du chef-lieu judiciaire à la résidence du notaire, devant lequel se fait la vente (2). Ces deux natures d'émoluments, qui sont passés complètement sous silence dans les trois tableaux, ne figurent pas parmi les articles de frais de la vente renvoyée devant notaire. Il en est de même des vacations dues à celui-ci pour faire transcrire au bureau des hypothèques et que les notaires n'oublient généralement pas de faire figurer sur leur état de frais, lorsqu'ils le présentent à la taxe (3) ; par contre, ces tableaux portent, dans la vente à la barre, les vacations de l'avoué pour transcrire. Ils mentionnent aussi avec soin

---

(1) Art. 9 et 10 ordonnance 10 octobre 1841.

(2) Art. 144 décret 16 février 1807 et art. 14 ordon. 10 oct. 1841 ; Civ. cass., 14 janvier 1845 (S. 45. 1. 105 — D. P. 45. 1. 90); Civ. cass. 11 février 1850 (S. 50. 1. 268 — D. P. 50. 1. 16); Civ. cass. 30 août 1853 (S. 53.1.690 — D. P. 53.1. 229); Civ. cass. 23 avril 1856 (S. 56.1.726 — D. P. 56. 1. 213); Civ. cass. 5 avril 1859 (D. P. 59. 1. 160 — S. 59. 1. 582).

(3) Art. 168 décret 16 février 1807 et règlements des diverses compagnies de notaires.

les frais de la déclaration de command et la vacation de l'avoué dans ce but, mais seulement pour la vente à la barre; ils omettent de porter ces deux articles pour la vente devant notaire. L'élection de command a lieu, cependant, dans les ventes judiciaires auxquelles procèdent les notaires (1), et, outre le remboursement des déboursés de timbre et d'enregistrement, ceux-ci ont droit à vacation (2); puisqu'un article sur ce point est porté pour la vente à la barre, il devrait l'être également pour celle devant notaire.

151 — Nous ne reviendrons pas sur l'émolument accordé au concierge et qui figure pour 5 fr. dans les tableaux 1 et 3, et pour 25 fr. dans le tableau 2. Mais il est nécessaire, en terminant ce rapide examen des trois tableaux, de faire remarquer que, par suite de la diminution dont le nombre des rôles des expéditions du greffier est l'objet par rapport à celui des rôles des expéditions du notaire, les chiffres des articles de frais portés sous l'article 4 dans chacun des tableaux devraient être réduits. Cet article 4 est intitulé : « enregistrement, « y compris droit de rédaction et de greffe »; ce droit de greffe, qui est perçu sur les expéditions au profit du trésor public, en vertu de l'art. 8 de la loi du 21 ventose an VII, est de 1 fr. 25 c. par chaque rôle.

―――

(1) Art. 68, loi du 22 frimaire an VII.
(2) Art. 168, décret 16 février 1807 et règlements des diverses compagnies de notaires.

§ 2

Participation du public aux enchères

SOMMAIRE

152 — La participation directe des acquéreurs aux enchères dans les ventes renvoyées devant notaire, en supprimant l'intermédiaire de l'avoué , dispense de tout émolument au profit de celui-ci ; au contraire, dans une vente à la barre, l'enchérisseur est tenu de payer à son avoué la vacation accordée par le tarif, qu'il reste ou non adjudicataire. Restreinte à ce seul point de vue, la comparaison entre les deux modes de vente donnerait, en faveur de celle devant notaire, un avantage qu'il faudrait, cependant, ramener à sa véritable portée, minime en réalité, puisque la vacation

devant un tribunal de la 3ᵉ classe du tarif est de
11 fr. 25 c., au cas où l'enchérisseur reste acquéreur (1), et de 5 fr. 60 c., s'il ne demeure pas
adjudicataire (2).

153 — On a invoqué aussi, en faveur du renvoi
des ventes devant notaire, que le nombre des personnes désireuses d'enchérir, dans une vente
retenue à la barre, peut se trouver supérieur à
celui des avoués exerçant près le tribunal. D'où
résulterait un grave inconvénient, soit que quelques-
unes de ces personnes se retirassent en renonçant à
enchérir faute d'avoué, soit qu'elles persistassent à
vouloir participer aux enchères, la concurrence
subissant une atteinte sérieuse à raison, dans le
premier cas, de l'abstention d'un certain nombre
d'enchérisseurs et à raison, dans le second cas, de
ce que le nombre des avoués ne leur permettrait
pas d'enchérir pour tous ceux qui le désireraient.

154 — Une semblable éventualité ne pourrait
évidemment se produire que par suite d'un concours véritablement exceptionnel du public, et
l'objection soulevée paraîtrait, tout d'abord, aller
à l'encontre de l'avis de ceux-là même qui la font
et qui, néanmoins, croient à un degré de concurrence moindre dans les ventes retenues à la barre
que dans celles renvoyées devant notaire.

---

(1) Art. 11 § 22 ordon. 10 octobre 1841.
(2) Art. 11 § 22 ordon. 10 octobre 1841.

155 — Ne devrait-on même pas placer cette éventualité à côté de celle où la salle, dans laquelle un notaire exerce son ministère, se trouverait trop exiguë pour recevoir toutes les personnes venues dans le but de participer aux enchères ? Sauf exception, les notaires procèdent aux ventes dans la salle où se trouve le dépôt de leurs minutes, où ils reçoivent le public et passent habituellement leurs actes et dont les dimensions sont restreintes. Aux termes des art. 958 et 960 C. pr. civ., auxquels renvoie l'art. 972, l'adjudication doit être précédée de placards et d'insertions, contenant l'indication notamment du lieu où elle sera effectuée. Bien que l'art. 964 ne rende pas commun aux ventes judiciaires volontaires l'art. 715, qui prescrit à peine de nullité, en matière de ventes judiciaires forcées, notamment la formalité des placards et insertions, et que l'art. 1030 ne permette pas de déclarer nul un acte de procédure dont la nullité n'est pas formellement prononcée par la loi, une formalité n'en est pas moins entachée de nullité, s'il s'agit d'un vice relatif, non pas à sa forme extérieure, mais à sa substance même (1).

---

(1) Cass. 1er février et 12 avril 1808 (S. 1808. I. 211 et 244); Cass. 18 juin 1817 (S. 17. 1. 298); Agen 6 février 1810 (S. 14. 2. 193) ; Nancy 10 septembre 1814 (S. 16. 2. 52) ; Paris 19 mars 1825 (D. A. V° *Saisie-gagerie* N° 38) ; Chauveau, t. 6, p. 1096 et 1098.

Or, la publicité est un des éléments essentiels des ventes ordonnées par justice et consiste, non seulement dans le fait que la vente a lieu publiquement, mais encore dans celui qui a pour but d'appeler le public en lui faisant connaître, au moyen des placards et insertions, le lieu où la vente s'effectuera. Si cette formalité n'a pas lieu, il en résulte que la publicité, telle que la loi l'exige, fait défaut et que la vente à laquelle il sera néanmoins procédé, manquera de l'un des éléments les plus essentiels à sa validité (1). Si donc l'étude du notaire, dans laquelle les placards et insertions ont annoncé qu'il serait procédé à la vente, avait des dimensions trop restreintes pour en permettre l'accès à toutes les personnes venues dans le but de participer aux enchères, nous nous demandons comment pourrait s'y prendre l'officier public pour remédier à ce grave inconvénient. Il ne pourra pas certainement, pour procéder à la vente, se transporter dans un autre local plus vaste que celui annoncé par les placards et insertions, sous peine d'exposer l'adjudication à être entachée de nullité.

156 — La vérité est que le cas où le nombre des personnes désireuses d'enchérir serait supérieur à celui des avoués, tout comme celui où leur nombre ne leur permettrait pas de pénétrer en entier dans

---

(1) Douai, 21 juin 1849 (D. P. 50.2.138 — S. 50.2 391).

l'étude du notaire, est absolument exceptionnel et qu'il se produira très rarement, même à titre d'exception. C'est ainsi qu'il a été envisagé par le rapporteur de la loi du 2 juin 1841, qui, dans son travail de 1838, disait à ce sujet : « La loi ne doit « pas s'occuper des cas tout à fait exceptionnels » (1), et par le législateur de 1841, qui ne prit pas en considération un amendement proposé en vue de ce même cas (2). Pour en être mieux convaincu encore, il suffit d'examiner le nombre des avoués exerçant près chaque tribunal ; ce chiffre est en proportion de la population de l'arrondissement et de l'importance des affaires ; les suppressions d'offices n'ont lieu, on le sait, qu'après une enquête minutieuse, faite par le ministère public, et après avis du tribunal. Parmi les 359 tribunaux compris dans les 26 ressorts de la France :

1 tribunal a 2 avoués en exercice (3),
30 tribunaux ont 3 avoués —
65 — 4 —
83 — 5 —
62 — 6 —
39 — 7 —

---

(1) Chauveau, t. 5, p. 800.

(2) D. A. V° *Vente publ. d'im.*, n° 1673 ; Chauveau, t. 5, p. 800.

(3) C'est celui de Barcelonnette, dont l'arrondissement a une population de 15,000 habitants environ.

27 tribunaux ont 8 avoués en exercice,

17   —   9   —

10   —   10   —

et 25 tribunaux ont un nombre d'avoués supérieur à dix (1).

157 — D'ailleurs, la difficulté résultant de ce
que le nombre des enchérisseurs serait plus grand
que celui des avoués, peut être facilement surmon-
tée, alors qu'il n'en est pas de même de celle créée
par l'exiguïté des dimensions de l'étude du notaire.
Tout d'abord, il n'est plus contesté aujourd'hui
qu'un même avoué peut enchérir pour plusieurs
personnes, et cela par des motifs tirés de ce que le
ministère de l'avoué est obligatoire et des discus-
sions préparatoires auxquelles ont donné lieu le
C. pr. civ. et la loi du 2 juin 1841 (2).

Le seul point sur lequel il y a divergence est
celui de savoir comment devra procéder l'avoué
chargé de cette mission multiple. Devra-t-il, ainsi
que le soutiennent certains auteurs, déclarer à
chaque enchère qu'il portera, dans l'intérêt de
quelle personne il la porte, ou devra-t-il, au contraire, ne pas faire exception à la règle ordinaire et
garder pour lui seul la connaissance du nom de

---

(1) *Agenda et Annuaire pour 1890*, publié par l'Administration du Journal des Notaires, p. 289 à 510.

(2) D. A. V⁰ *Vente publ. d'im.*, n⁰ 1673 ; Chauveau, t. 5,
p. 799 et 800.

l'enchérisseur ? Chacune de ces deux solutions a pour elle et contre elle d'excellentes raisons et offre des avantages et des inconvénients, qu'il serait hors du cadre de notre travail d'examiner. Il suffit de retenir que, quelle que soit, de ces deux solutions, celle adoptée, elle permet facilement de surmonter la difficulté soulevée par l'infériorité du nombre des avoués en exercice près d'un tribunal, par rapport à celui des enchérisseurs.

158 — Mais la participation du public aux enchères doit être envisagée d'une manière moins spéciale, si l'on veut en apprécier sainement les conditions favorables ou défavorables, suivant le mode de vente. C'est ainsi que l'intermédiaire de l'avoué constitue une garantie précieuse pour la liberté et l'indépendance des enchérisseurs et pour la sincérité des enchères.

Devant le tribunal, les enchérisseurs restent inconnus les uns aux autres, l'avoué seul sachant le nom de la personne qui lui a donné mandat d'enchérir et qui peut même s'abstenir d'être présente à l'audience. Il n'y a pas alors à craindre le résultat des rivalités personnelles, auxquelles peuvent se laisser entraîner des enchérisseurs mis en face les uns des autres, dans une étude de notaire, et prenant part directement à la vente. On n'a pas, non plus, à redouter l'effet que peut produire sur certains enchérisseurs, qui se retirent alors ou n'osent pas enchérir, la présence d'une personne riche ou influente, venue dans l'étude du notaire pour se porter adjudicataire.

159 — A la barre, aucune dissimulation n'est possible ; tout se passe sans réticence et sans stipulation en dehors des clauses licites. Un concert frauduleux, entre des personnes peu scrupuleuses, pour établir à l'avance entre elles une sorte de partage des immeubles, de manière à ne pas enchérir les unes sur les autres, facile dans une étude de notaire, est à peu près impossible dans une salle d'audience. Les dons, promesses ou menaces, dans le but d'écarter les enchérisseurs, ne peuvent, non plus, se produire ni avant, ni pendant une vente à la barre, la personne de l'enchérisseur n'étant connue que lorsque l'élection de command, faite par son avoué, la rend définitivement adjudicataire.

§ 3

Concurrence

160 — « Loin de moi, écrit M. Chauveau (1),
« la pensée d'une insinuation quelconque de
« nature à porter atteinte à l'honorabilité du corps
« du notariat. Entre ces estimables fonctionnaires
« et la corporation non moins honorable des
« avoués, je ne fais aucune distinction. Seulement
« il est bien permis de dire que les études de notai-
« res et les chambres n'offrent pas les mêmes
« garanties de publicité et de concurrence que les
« salles des tribunaux , que s'il peut se rencontrer
« un notaire qui, oublieux de ses devoirs, condes-
« cende au désir d'un client influent, intéressé dans

---

(1) t. 5, p. 1523.

« une succession , et écarte adroitement , sans
« ostentation, avec facilité , les enchérisseurs qui,
« avant de se décider, vont recueillir des informa-
« tions de la bouche du notaire lui-même, ce
« danger n'existe pas lorsque la vente a lieu à la
« barre du tribunal, puisque tout le monde est
« admis au greffe à prendre communication du
« cahier des charges et qu'on est sûr de ne pas
« rencontrer dans le greffier une personne intéressée
« à déprécier l'immeuble à vendre ».

161 — L'appréciation de cet auteur sur les
garanties de la concurrence dans les deux modes
de vente mérite une sérieuse considération ; mais
peut-être a-t-elle le défaut de s'appuyer sur une
éventualité trop spéciale. A notre avis, les conditions de la concurrence dans une vente devant
notaire et dans celle à la barre doivent être envisagées à un point de vue plus général. Sous ce
rapport, les principales causes de nature à influer
sur la concurrence sont notamment : la liberté et
l'indépendance des enchérisseurs, la publicité en
vue de donner connaissance préalable de la vente,
la facilité pour le public de se rendre au lieu où il
est procédé à celle-ci, le nombre des enchérisseurs.

162 — Il n'est pas besoin de revenir sur ce que
nous venons de dire au sujet de la liberté et de
l'indépendance des enchérisseurs, beaucoup mieux
garanties dans une vente à la barre que dans celle
devant notaire. Sous ce rapport, le premier mode

de vente offre incontestablement un avantage caractérisé sur le second.

163 — Les insertions faites et les placards apposés dans le but d'avertir les personnes en situation de se rendre adjudicataires, constituent la publicité légale, qui doit être absolument la même dans l'un et l'autre mode de vente. La loi en fixe soigneusement toutes les conditions, qui sont identiques pour la vente à la barre et pour celle devant notaire. Si l'importance des immeubles paraît demander une publicité extraordinaire, la loi en détermine également les conditions, sans distinguer entre les deux modes. L'appel au public étant le même, son effet sur les futurs enchérisseurs ne saurait être différent, quel que soit le mode de vente.

164 — Les conditions de facilité suivant lesquelles le public se rendra au lieu où la vente est effectuée, dépendent elles-mêmes de celles qui ont fait désigner ce lieu. Il se produit là une des conséquences de la règle d'appréciation sur le mode de vente, telle qu'elle résulte de la jurisprudence des Cours d'appel. Ainsi que nous l'avons vu plus haut (1), c'est, d'une part, à raison de ce que, pour des immeubles éloignés et peu importants, les enchérisseurs ayant seulement une faible distance à

---

(1) V. suprà Chapitre II, n° 32.

parcourir, se rendront plus volontiers auprès du notaire, sur les lieux mêmes, et à raison aussi de ce que les personnes désireuses de se rendre adjudicataires de biens peu importants se trouvent seulement dans un rayon restreint, que le public se décidera plus facilement, dans ce cas, à assister à une vente devant notaire ; et, d'autre part, c'est à raison de ce que, pour des immeubles importants, les enchérisseurs ne craindront pas, devant l'importance des biens, de se déplacer et de venir de loin en plus grand nombre au siège du tribunal plutôt que dans une commune rurale, que le public, dans ce cas, se décidera plus volontiers à assister à une vente à la barre. Si donc le mode de vente a été bien choisi par le juge, parce que l'appréciation de la valeur et du caractère des immeubles a été elle-même bien faite par lui, l'un des avantages du choix effectué sera précisément un degré plus grand dans la concurrence entre les enchérisseurs.

165 — Le nombre des personnes qui enchérissent dépend des éléments précédents. Il sera en proportion des garanties de liberté et d'indépendance qui existeront pour les enchérisseurs, de la facilité pour eux de se rendre au lieu où se fait la vente, de la publicité effectuée.

Il existe, cependant, une autre cause de nature à influer sur le nombre des enchérisseurs : l'intervention personnelle du notaire préalablement à la vente. Pour apprécier le degré d'influence de cette intervention sur la concurrence, il est nécessaire d'examiner l'existence et les conditions de cette intervention elle-même. Si celle-ci se produit seulement dans le cas de vente renvoyée devant notaire, ce mode aura alors, sous le rapport de la concurrence des enchérisseurs, un avantage sur celui de la vente à la barre. Au contraire, si les conditions mêmes de son existence font que cette intervention ne peut pas être ainsi restreinte et doit forcément se produire quel que soit le mode de vente, le degré de concurrence se trouvera être le même dans une vente à la barre et dans celle devant notaire.

§ 4

Intervention personnelle du notaire préalablement à la vente

166 — Les recueils et journaux plus spécialement consacrés au notariat font ressortir que l'intervention personnelle du notaire, préalablement à la vente renvoyée devant lui, est une cause d'avantages pour les parties. On peut aussi citer deux arrêts qui admettent formellement cette opinion (1).

____

(1) Douai, 12 juillet 1856 (*Circulaire n° 208 du Comité des Notaires des départements*); Grenoble, 1er juillet 1868 S. 68.2.304 — R. N. 68. 610).

Les organes du notariat et ces arrêts énumèrent les avantages qui résulteraient de l'intervention du notaire et qui seraient nombreux. Ce sont les suivants: connaissance des personnes en situation de se porter adjudicataires, renseignements fournis sans frais et sans déplacement, variation des jours de vente, transport sur les lieux au centre des amateurs, mise en rapport avec les notaires de la situation des autres biens à vendre, appréciation de la solvabilité, frais de purge parfois évités.

167 — Pour l'exercice même de leur ministère et en vue des mutations de propriété qui ont lieu par leur intermédiaire et qui constituent, par les honoraires afférents aux actes de vente, une des sources les plus importantes des produits de leur office, les notaires sont et apportent tous leurs soins à se tenir au courant, non-seulement des immeubles à vendre, mais encore des personnes désireuses d'en acquérir ou ayant des capitaux disponibles. Beaucoup de notaires ont un carnet, sur lequel ils prennent note des intentions de vente ou d'achat, ou des capitaux disponibles des personnes qui viennent les en prévenir. Alors même qu'elle ne figure pas sur ce carnet, ils ont des éléments de nature à leur faire supposer que telle ou telle personne peut avoir l'intention de vendre ou d'acheter un immeuble, ou posséder des capitaux disponibles. En prenant l'initiative de servir d'intermédiaire, il leur est alors facile de mettre en

rapport capitalistes ou acquéreurs et vendeurs et de faire aboutir ainsi une mutation de propriété, qui, sans les démarches personnelles de ces officiers publics, se serait effectuée moins rapidement, ou même n'aurait peut-être pas eu lieu.

Il est incontestable que l'intervention personnelle des notaires sur ce point, préalablement aux ventes, est avantageuse aux parties et de nature à influer sur le nombre des enchérisseurs et, par suite, sur le degré de concurrence. Mais nous ne pensons pas que cette intervention se produise seulement dans le cas de vente renvoyée devant notaire ; nous croyons, au contraire, qu'elle a lieu et doit avoir lieu même lorsqu'il s'agit de vente retenue à la barre.

Notre opinion à ce sujet s'appuie sur les raisons suivantes, tirées des habitudes notariales, de l'honorabilité du caractère de ces officiers publics et de leur intérêt personnel même.

168 — Les notaires sont les fonctionnaires publics établis pour « recevoir tous les actes et con-« trats auxquels les parties doivent ou veulent « donner le caractère d'authenticité attaché aux « actes de l'autorité publique et pour en assurer « la date, en conserver le dépôt, en délivrer des « grosses et expéditions ». Cette définition de la mission du notaire donnée par l'art. 1 de la loi du 25 ventose an XI, est loin d'être complète. La mission de cet officier public ne s'arrête pas, notamment, aux garanties de forme qu'il doit donner à

ses actes. Les mots du serment qu'il prête, conformément à l'art. 47 de la même loi, « de remplir « ses fonctions avec exactitude et probité », comprennent l'ensemble des devoirs qui lui sont imposés. Parmi ces devoirs, les uns dérivent de la loi ou des règlements, les autres résultent plutôt des usages, des convenances de la société et constituent les devoirs moraux. C'est ainsi que sa mission lui fait un devoir, non-seulement d'éclairer les parties sur le mérite et les conséquences de leurs conventions, mais encore de les diriger dans les opérations à l'aide desquelles elles cherchent à maintenir ou à augmenter leur fortune ou à réparer leurs pertes, et d'être le conseiller de tous leurs intérêts.

Confidents de leurs clients, dépositaires, parfois, des secrets des familles, ces fonctionnaires publics, qui disposent de la fortune et de l'honneur de celles-ci, ont toujours trop bien compris la haute importance de leur mission, pour avoir jamais songé à restreindre, dans une étroite et mesquine limite, l'accomplissement de leurs devoirs moraux. Conseiller et guide de ses clients, un notaire ne se borne pas à attendre, dans son cabinet, que ce conseil et cette direction lui soient demandés; il sait en prendre l'initiative, le cas échéant, et lorsque une opération avantageuse et pouvant convenir à ses clients parvient à sa connaissance, il les en informe de lui-même, les conseille et les dirige.

En agissant ainsi, il ne fait que se conformer aux habitudes et aux usages du notariat, que l'honorabilité de cette corporation maintient avec soin.

169 — L'intérêt personnel du notaire lui-même serait là pour le stimuler, s'il en était besoin, à ne pas restreindre aux ventes judiciaires renvoyées devant lui son intervention préalable. Il s'exposerait, tout d'abord, par son attitude, à indisposer ses clients, qui, mécontents de n'avoir pas été avisés par lui de la vente, pourraient alors porter ailleurs leur clientèle et investir de leur confiance un autre notaire pour l'avenir. En outre, comme toutes les ventes, une adjudication à la barre entraîne avec elle une quittance et, parfois, toute une série d'actes, que la personne devenue adjudicataire, grâce à l'avis et au conseil du notaire qui l'aura informée de la vente, fera vraisemblablement recevoir par celui-ci.

170 — Si bien les notaires, lorsqu'il s'agit d'une vente renvoyée devant eux, peuvent sans frais et sans déplacement pour les personnes qui le désirent, leur donner communication du cahier des charges et leur fournir des renseignements, il ne faut pas, cependant, accorder à cette considération plus de portée qu'elle n'en mérite réellement. Une vente retenue à la barre n'entraîne pas forcément, pour les personnes résidant hors du siège du tribunal, les frais et la perte de temps occasionnés par un déplacement. Il leur est, au contraire, bien

facile de s'adresser, dès ce moment, à l'avoué qu'elles ont l'intention de charger d'enchérir, et de correspondre avec lui ; cet officier ministériel s'empressera, ainsi que cela a lieu tous les jours, de les éclairer sur les clauses et conditions insérées au cahier des charges et de leur donner tous les renseignements utiles.

171 — On doit même se demander si, en réalité, la démarche , faite personnellement auprès du notaire par ceux qui viennent lui demander connaissance du cahier des charges et des renseignements, ne sera pas précisément de nature à permettre aux inconvénients que nous signalions plus haut (1) de se produire parfois. L'arrivée de ces personnes chez le notaire, ainsi que sa cause et son but, seront vite connus du public dans une petite localité ; les mêmes causes qui, au moment de l'enchère dans son étude , amènent des résultats fâcheux de diverse nature, peuvent, dès ce moment, se produire et entraîner les mêmes effets. Au contraire, l'anonyme gardé dès le début par les personnes qui ont à s'adresser à un avoué pour être éclairées sur le cahier des charges et conditions de la vente et obtenir des renseignements par lui, produirait avant l'audience les mêmes bons effets que l'anonyme conservé par elles aux cours des enchères.

---

(1) V. Suprà, Chapitre III, Sect. I, § 2, n° 158.

172 — Pour mieux se mettre à la portée des convenances des futurs enchérisseurs, les notaires sont dans l'usage de varier, suivant les cas, les jours de vente et d'y procéder soit un jour de marché ou de foire, soit un dimanche. Nous étant déjà expliqué sur ce point, nous nous bornerons à rappeler brièvement ici que les audiences d'adjudications sont toujours fixées à un jour de marché du siège du tribunal et qu'une vente judiciaire effectuée par un notaire un dimanche, bien que n'étant pas entachée de nullité, n'en est pas moins irrégulière et contraire aux prohibitions de la loi (1).

173 — Le bon effet du transport du notaire sur les lieux mêmes, pour y effectuer la vente, est subordonné à la condition qu'il s'agisse de biens éloignés du siège du tribunal et peu importants, puisque c'est dans ce cas seulement que, suivant les règles d'appréciation résultant de la jurisprudence, le renvoi de la vente devant notaire est réellement le mode le plus avantageux pour les parties. On ne saurait donc, en dehors de ce cas, invoquer comme un avantage la vente effectuée sur les lieux mêmes, et cette considération perd ainsi la portée qu'elle semblerait avoir sans cette distinction nécessaire.

174 — Lorsque les biens à vendre sont situés dans des communes, des cantons, ou même des

---

(1) V. Suprà, Chapitre III, Sect. I, § 1.

arrondissements différents, la mise en rapport du notaire, devant lequel leur vente serait renvoyée, avec les notaires de la situation des autres biens, donnerait certainement un bon résultat. Mais un notaire a-t-il seul la possibilité de se mettre ainsi en rapport avec les personnes le mieux en situation de le renseigner sur les immeubles situés au loin? On ne voit aucune raison d'un monopole de ce genre, et, en cas de vente retenue à la barre, l'avoué poursuivant est dans des conditions tout aussi favorables et faciles pour se mettre en rapport avec les notaires de la situation des biens.

Si un motif quelconque, qu'il n'est pas nécessaire de préciser, faisait par hasard que l'avoué se heurtât à un mauvais vouloir déguisé ou non, cette même cause n'existerait-elle pas — peut-être même avec un effet plus caractérisé — s'il s'agissait de notaire à notaire?

175 — Les notaires ruraux sont, sans doute, plus au courant de la solvabilité des personnes de leur résidence et mieux en situation que l'avoué de la connaître ; mais ces conditions avantageuses n'existent que pour un rayon limité. Dès qu'il s'agirait de biens importants, pour la vente desquels les futurs enchérisseurs sont présumés pouvoir exister au loin, le notaire et l'avoué seraient tous deux dans des conditions identiques pour les renseignements sur la solvabilité des enchérisseurs.

Sous ce rapport, même dans le cas de vente

renvoyée devant notaire, il ne faut pas oublier que celui-ci n'est soumis par la loi à aucune obligation personnelle relativement à la solvabilité des enchérisseurs et que les enchères ont lieu directement sans l'intermédiaire d'un avoué. Dans une vente à la barre, il y a, au contraire, une garantie de plus pour la solvabilité des enchérisseurs, puisque l'art. 711 § 2 C. proc. civ., applicable à toutes les ventes judiciaires, rend l'avoué responsable en cas d'insolvabilité notoire.

176 — En matière de ventes judiciaires forcées, le jugement d'adjudication, à la condition qu'il ait été transcrit, purge de plein droit les hypothèques inscrites ou non inscrites, et l'adjudicataire n'est pas tenu de remplir les formalités prescrites par les art. 2181 et suiv. et 2193 et suiv. C. c..

Les ventes judiciaires volontaires, seules, sont soumises à ces formalités pour que l'immeuble adjugé soit purgé des hypothèques qui peuvent le grever. L'art. 717 C. pr. civ., relatif à cet effet de l'adjudication sur saisie immobilière, ne figure pas parmi les dispositions que le législateur a étendues aux ventes volontaires (1) . Spécialement les ventes sur conversion de saisie sont soumises aux forma-

______

(1) D. A. V° *Priv. et hyp.* N° 2034 ; Poitiers 1er juillet 1842 (D. A. eod. v° N° 152); Orléans 13 mai 1851 (S. 51. 2. 722 — D. P. 52. 2. 177) ; Bourges 12 janvier 1876 (S. 76. 2. 101).

lités de purge vis-à-vis des créanciers hypothécaires qui n'ont pas été parties au jugement (1).

Ces formalités pour arriver à la purge sont longues et surtout coûteuses, et, si la vente devant notaire pouvait, par un moyen légal, permettre de les éviter, il en résulterait un avantage considérable pour les parties. Aussi les notaires invoquent-ils que leur intervention personnelle préalablement à la vente est, dans certains cas, de nature à amener ce résultat. Lorsque le contrat de mariage le permet, ils peuvent arriver, disent-ils, à obtenir le concours de la femme dans les ventes de biens propres au mari ou dépendant de la communauté et éviter ainsi les frais de purge.

177 — Ils ne pourraient pas, cependant, réclamer, comme étant le résultat d'un monopole qui leur soit exclusif, ce bon effet produit par leurs démarches personnelles. Tout comme eux, les avoués sont en situation d'obtenir ce concours de la femme du vendeur dans une vente retenue à la barre et se trouvent, pour cela, dans des conditions semblables. Dirait-on qu'en recherchant ce résultat ils iraient à l'encontre de leur intérêt personnel, à raison de ce qu'ils se priveraient bénévolement des émoluments leur revenant dans les formalités d'une

---

(1) Caen 9 février 1850 (D. P. 52. 2. 250) ; Paris 14 août 1851 (D. P. 52. 2. 250 — S. 52. 2. 49) ; Dijon 24 mars 1847 (D. P. 54. 2. 60 — S. 47. 2. 410) ; Amiens 17 mai 1851 (D. P. 54. 2. 83 — S. 51. 2. 344).

purge. Il faudrait alors en dire autant des notaires, puisque ceux-ci, aussi bien que les avoués, peuvent diriger les formalités de purge d'hypothèque non inscrite et y trouvent des émoluments au moins aussi élevés. Dans beaucoup d'arrondissements, ce sont les notaires qui dirigent eux-mêmes, sans s'adresser aux avoués, les formalités de cette purge.

178 — Là, d'ailleurs, n'est pas le véritable point important à examiner. Il s'agit, en définitive, de savoir si le concours de la femme obtenu dans la vente des biens propres au mari ou dépendant de leur communauté, permettra réellement d'éviter les formalités nécessaires pour purger les immeubles des hypothèques inscrites ou non inscrites qui peuvent les grever. Alors même que la femme aura renoncé à son hypothèque légale, il ne s'en suivra pas que les biens vendus seront purgés des autres hypothèques ; les formalités de la purge n'en resteront pas moins nécessaires, si l'adjudicataire veut avoir la certitude de ne pas être inquiété comme tiers détenteur par les autres personnes à hypothèques inscrites ou dispensées d'inscription. En réalité, le résultat obtenu par les démarches personnelles du notaire ou de l'avoué auprès de la femme du vendeur dispensera simplement l'adjudicataire de la purge vis-à-vis d'elle et amènera seulement une économie dans le coût de là formalité, qu'il faudra, néanmoins, faire vis-à-vis des autres.

§ 5

Incidents au moment des enchères

SOMMAIRE

179 — Les pouvoirs d'un juge et d'un notaire délégués à une vente sont des plus restreints ; sauf de très-rares exceptions, leur mission, ainsi que nous le verrons plus loin (1), se borne, en présence d'un incident qui surgit au moment des enchères, à renvoyer les parties devant le tribunal, pour que celui-ci statue.

180 — Suivant qu'il s'agit d'une vente retenue à la barre ou d'une vente renvoyée devant notaire, les conséquences de ce renvoi des parties devant le tribunal, pour faire trancher l'incident, sont différentes. Dans le premier cas, le tribunal étant avisé sans retard par le juge délégué, il lui est possible de se réunir immédiatement et de statuer sans perte de temps ; l'incident ainsi jugé, la vente peut avoir

---

(1) V. infrà, Chapitre V.

lieu sans renvoi à un autre jour et sans nouvelle publicité. Dans le second cas, au contraire, la vente se trouve forcément remise à une date ultérieure, pour permettre aux parties de venir devant le tribunal faire juger l'incident, et les frais d'une nouvelle publicité deviennent nécessaires. Aussi a-t-on invoqué, à l'appui de la retenue des ventes judiciaires à la barre, ce résultat fâcheux pour les parties qu'entraînent ainsi les incidents soulevés au moment des enchères devant un notaire.

181 — La portée de cet élément d'appréciation serait, tout d'abord, subordonnée à la condition qu'au moment où il détermine le mode de vente, le tribunal puisse, tout au moins, soupçonner sérieusement l'éventualité que des incidents surgiront lors des enchères. Il nous paraît inutile d'insister sur le peu de vraisemblance que le tribunal se trouve jamais dans cette situation.

182 — Spécialisé de cette façon, cet élément d'appréciation manque de portée pratique. Pour en acquérir une, il devrait être généralisé et, dans ce but, envisagé, non plus en vue d'un cas particulier, mais pour comparer entre elles les conditions d'une vente à la barre et celles d'une vente devant notaire et déterminer quel est, en principe, celui des deux modes qui offre les meilleures garanties.

183 — Même à ce point de vue, sa portée serait restreinte et ne mériterait qu'une considération

tout à fait secondaire. Parmi les incidents qui peuvent surgir au moment des enchères, quelques-uns sont soumis aux deux degrés de juridiction et ne rentrent pas dans l'exception au principe de l'appel inscrite dans l'art. 730 C. proc. civ.. Le juge délégué à la vente ne pourrait donc pas procéder à l'adjudication immédiatement après le jugement sur l'incident, s'il s'agissait d'une décision sujette à appel. Dans ce cas, la remise de la vente à un jour ultérieur et les frais d'une nouvelle publicité seraient nécessaires, de même qu'en matière de vente renvoyée devant notaire.

———

§ 6

Engagement pris par un tiers de porter l'enchère à un prix déterminé d'avance

184 — Parfois les dossiers renferment une promesse sous seing privé par laquelle un tiers étranger à la procédure, s'engage à porter l'enchère à un prix déterminé d'avance, pour le cas où la vente aura lieu devant notaire par suite d'un

renvoi ordonné par le tribunal. En faveur de ce mode demandé alors par elles, les parties invoquent l'avantage résultant de cet engagement, qui leur donnerait la certitude que la mise à prix serait couverte à un chiffre satisfaisant. Par quel intermédiaire cette promesse de porter l'enchère à un prix déterminé d'avance a-t-elle été obtenue ? Il serait peut-être facile de le deviner ; ce qui l'est moins, c'est de démêler l'intérêt que ce tiers peut avoir à ce que la vente se fasse, non à la barre, mais devant un notaire, ainsi que l'avantage qu'il peut retirer de ce mode de vente.

On ne voit guère qu'un seul avantage, celui de l'économie du droit de quittance, qui est de 0,50 p. % et que le receveur de l'enregistrement n'aurait pas à percevoir, si le procès-verbal contenait, en même temps, paiement et quittance du prix d'adjudication (1). Encore faudrait-il se demander si l'économie serait bien réelle, alors que, pour se conformer aux prescriptions des art. 47 de la loi du 22 frimaire an VII, qui rendent les juges personnellement responsables, et 16 de celle du 23 août 1871, le tribunal devrait ordonner l'enregistrement de l'engagement pris par le tiers relativement au prix de l'enchère. En tout cas, il ne faut pas oublier que, le plus souvent, les ventes judiciaires ont lieu pour rembourser des créanciers hypothé-

---

(1) Loi 22 frimaire an VII, art. 10 et 69 § 2 n° 11.

caires. Si le procès-verbal d'adjudication contenait, de leur part, quittance du prix pour la portion afférente à la créance de chacun d'eux, le droit proportionnel de 0,50 p. % serait perçu par la Régie de l'enregistrement. Il ne peut plus, en effet, dans ce cas, être question de la dispense contenue en l'art. 10 de la loi de frimaire an VII. A côté de l'engagement du vendeur et de l'acquéreur relativement à la mutation de propriété, il s'en forme un autre entre le vendeur et ses créanciers hypothécaires, duquel résulte la libération du premier envers ceux-ci. C'est là une disposition tout à fait distincte et indépendante de la vente et il y a lieu, par suite, à application de l'art. 11 de cette loi (1).

D'un autre côté, il serait nécessaire que l'adjudicataire consentît à payer son prix au moment même de l'adjudication, pour que le procès-verbal pût en contenir quittance. Cependant cet acquéreur, libéré de cette façon, resterait sous le coup d'une surenchère et exposé aux conséquences de celle-ci, et il est permis de se demander si, dans de telles conditions, l'adjudicataire donnerait son consentement pour procéder ainsi à ses risques et périls. S'il s'y refusait, on ne pourrait pas vaincre sa résistance, à moins d'une clause spéciale en ce

____

(1) Trib. Lyon 10 août 1841 ; Laon 15 janvier 1833 (D. A. V° *Enreg*. N°s 911 et 912) ; Limoges 29 juin 1849 (D. P. 49. 5. 173) et Seine 17 juin 1852 (J. N. 52. N° 1510).

sens insérée préalablement dans le cahier des charges et conditons de la vente. Mais elle serait manifestement de nature à écarter les enchérisseurs, à raison précisément de la situation créée par la possibilité d'une surenchère ; le juge devrait même, pour ce motif, se refuser à ordonner par jugement l'insertion d'une semblable clause.

185 — Quoiqu'il en soit et afin de savoir s'il convient d'en tenir compte comme élément pouvant influer sur l'intérêt des parties, en vue du mode de vente à ordonner, il est nécessaire d'apprécier le mérite et de rechercher la valeur de cet engagement sous seing privé, pris par un tiers, de porter l'enchère à un prix déterminé d'avance.

Cette promesse constitue un engagement unilatéral, puisque le tiers seul s'engage à enchérir, sous la condition qu'il spécifie d'un renvoi de la vente devant notaire, sans que celui ou ceux dont les immeubles sont en vente contractent eux-mêmes aucun engagement. L'une des conditions essentielles pour la validité d'une convention est le consentement ; il consiste dans l'action de vouloir ce qu'un autre veut déjà et propose de vouloir ; c'est l'assentiment à la volonté précédemment manifestée par l'autre partie. Sur ce point, il est reconnu que la rédaction de l'art. 1108 C. c. est inexacte, qu'il ne faut pas en prendre la lettre seulement, que ce n'est pas simplement le consentement de la partie qui s'oblige qui est nécessaire et que celui de la partie envers laquelle on s'oblige est également indispensable. Le mot consentement implique l'idée du concours de deux volontés.

Même dans un contrat unilatéral, ce double consentement est nécessaire, une convention de cette nature impliquant le consentement, à la fois, de la partie qui fait la proposition et de celle par laquelle cette proposition est acceptée. Tant que le concours de ces deux consentements ne s'est point produit, la convention n'existe pas, il y a simplement offre ou promesse qui, n'étant pas acceptée, ne crée pas d'obligation ; il n'y a qu'une pollicitation, sans effet obligatoire, tant qu'elle n'a pas été acceptée (1). Un consentement donné par celui ou ceux dont les biens sont en vente à cet engagement de porter l'enchère à un prix déterminé d'avance, serait donc nécessaire pour la validité de cette convention.

---

(1) Civ. cass. 18 août 1818 (D. A. V° *Oblig.* n° 47); Req. 16 août 1832 (D. A. V° *Enreg.* n° 174-1°); Civ. cass. 4 février 1839 (D. A. cod. v° n° 174-2°) ; Civ. rej. 3 août 1847 (D. P. 47. j. 305 — S. 47.1.725); Civ. cass. 11 juillet 1859 (D. P. 59.1.401—S. 59.1.551); Limoges, 11 juillet 1854 (D. P. 55.2. 50 — S. 54.2.769) ; Amiens, 9 avril 1856 (D. P. 57. 2. 20.—S. 56.2.333); Besançon, 17 juillet 1844 (D. P. 45. 2. 171 — S. 46. 2. 171); — Toulier, t. 6, p. 24; Marcadé, sur l'art. 1108, n° 2 ; Larombière, t. 1, art. 1101, n° 9; Aubry et Rau, t. 4, § 343, p. 291 ; Demolombe, t. 24, p. 47 et 48 ; Laurent, t. 15, n°s 466 et suiv.

186 — Dans la pratique, cet engagement est revêtu seulement de la signature du tiers et ne renferme aucun consentement émanant de la personne dont les biens sont mis en vente. Il n'est pas indispensable, à la vérité, en matière de contrat unilatéral, que l'offre et l'acceptation interviennent au même moment ou dans la même convention ; l'acceptation peut suivre l'offre et même en être séparée par un intervalle assez long. Elle peut également être expresse ou tacite et, dans ce dernier cas, résulter de certaines circonstances que les tribunaux ont à apprécier, sans que, cependant, le silence de la partie implique, en général, un consentement en l'absence de toute autre circonstance (1). Mais une simple pollicitation étant insuffisante pour lier par elle-même celui qui l'a faite, le proposant peut rétracter son offre tant que l'acceptation n'est pas intervenue pour rendre la convention parfaite (2). Comment le juge, lorsque le dossier de la procédure contiendra un simple engagement du tiers sans l'acceptation de celui dont les biens sont en vente, aura-t-il la certitude

------

(1) Civ. cass. 25 mai 1870 (D. P. 70. 1. 257. — S. 70. 1. 341).

(2) Civ. rej. 21 décembre 1846 (D. P. 47.1.19 — S. 47.1.65); Req. 16 avril 1861 (D. P. 61. 1. 433 — S. 62.1. 201); — Aubry et Rau, t. 4, § 343, p. 292 ; Laurent, t. 15, nᵒˢ 475 et suiv.

que, depuis la date de sa proposition, le tiers n'a pas rétracté son offre? Alors même qu'une acceptation séparée de cette offre serait produite, comment pourrait-il s'assurer que, dans l'intervalle écoulé entre cette acceptation et l'offre, le tiers n'a pas retiré celle-ci? Et cependant, pour que le juge puisse faire état de la convention ainsi invoquée, il est absolument nécessaire qu'il n'existe aucune éventualité où l'offre du tiers serait tombée à néant.

187 — Si la convention était produite avec l'offre et l'acceptation, de manière que le juge n'ait aucun doute sur la rétractation de la première, encore faudrait-il se demander si elle remplit toutes les conditions exigées par la loi et notamment celles relatives à son objet.

Pour être valable, un contrat doit avoir un objet, non-seulement déterminé quant à son espèce, mais encore dont la quotité, quoique incertaine, puisse être déterminée (C. c. art. 1129). L'objet de la promesse souscrite par le tiers, qui s'engage à porter l'enchère à un prix déterminé d'avance, consiste dans le fait d'enchérir à la somme ainsi indiquée. En admettant que cet objet de l'engagement soit déterminé, quant à son espèce, conformément aux prescriptions de l'art. 1129, en est-il de même de sa quotité? Oui, si l'on ne tient compte que du chiffre auquel le tiers s'engage à porter l'enchère. Mais, en outre de ce chiffre de l'enchère, l'objet du contrat renferme un autre élément : une adjudication comprend aussi les frais. Il faudra donc, pour la validité, que la quotité de ces frais soit, au moment du contrat intervenu entre le tiers et celui dont les biens sont en vente, sinon certaine, du moins de nature à pouvoir être déterminée. Or, suivant les stipulations insérées au cahier des charges et conditions, qui n'est pas encore dressé au moment où le tribunal est appelé à désigner le mode de vente, la quotité des frais pourra varier du tout au tout, selon qu'ils devront être payés par l'adjudicataire en sus ou en diminution du prix d'adjudication.

188 — Une détermination ainsi faite ultérieurement, d'une façon aussi variable, remplit-elle bien les conditions exigées par le § 2 de l'art. 1129 ? Il est permis de se le demander. Un grand nombre d'arrêts a posé les principes à appliquer en matière de détermination de la quotité de l'objet d'une obligation (1). Bien qu'aucun n'ait été rendu dans une espèce identique à celle qui nous occupe, cependant, à raison de l'application faite par eux de ces principes, la promesse du tiers

____

(1) V. notamment Civ. cass. 1er juillet 1862 (D. P. 62. 1. 357 — S. 62. 1. 863); Lyon 10 mars 1864 (D. P. 64. 5. 255 — S. 64. 2. 256) ; Req. 2 juin 1856 (D. P. 56. 1. 457) ; Civ. rej. 10 janvier 1870 (D. P. 70. 1. 60, 2e espèce — S. 70. 1. 157, 2e espèce).

pourrait peut-être donner lieu, de ce chef, à une discussion.

189 — Quand bien même il remplirait toutes les conditions nécessaires relativement à son acceptation par ce lui dont les biens sont en vente et à la quotité de l'objet, cet engagement du tiers pourrait néanmoins, en réalité, être sans efficacité au point de vue spécial de son influence sur le choix du mode de vente à ordonner. Il en serait ainsi dans le cas où ce tiers n'offrirait pas des garanties sérieuses de solvabilité, puisque son engagement, sur la foi duquel le tribunal aurait renvoyé la vente devant notaire à raison de l'avantage offert par la certitude de voir l'enchère couverte à un chiffre satisfaisant, ne pourrait pas être exécuté pour défaut de ressources . Si ce tiers demeurait adjudicataire, il en résulterait, d'une part , que le non-paiement par lui du prix et des charges entraînerait les frais d'une revente sur folle enchère, et, d'autre part, que le mode de vente le plus avantageux aurait été délaissé pour l'autre. Dans le cas où, malgré son engagement, ce tiers n'enchérirait pas, l'avantage sur lequel comptaient les parties et à raison duquel ce mode de vente avait été choisi , ne se serait pas produit. Il est vrai que le défaut d'exécution de cet engagement pourrait donner lieu contre le tiers à des dommages-intérêts ; mais, outre qu'une instance devrait être intentée dans ce but, la condamnation , à laquelle elle aboutirait , serait illusoire.

La production de cet engagement du tiers ne suffirait donc pas, à elle seule, pour éclairer la religion du juge appelé à rechercher son mérite ; il serait encore indispensable que les parties fournissent au tribunal des éléments de nature à lui permettre d'apprécier la solvabilité du tiers.

190 — Nous croyons qu'entouré ainsi de toutes les conditions dont nous venons de parler, cet engagement serait valable . Il renferme de la part du tiers une obligation de faire, celle de porter à un chiffre fixé d'avance l'enchère d'un immeuble mis en vente ou, en termes plus précis, de faire, dans une procédure de vente par adjudication , ce qui est nécessaire pour devenir acquéreur à un prix déterminé d'avance . Au moment où cette promesse est produite au tribunal, il n'est question que d'une seule condition restrictive ; elle est souscrite sous la condition seulement, bien précisée, que la vente aura lieu devant notaire . L'espèce et la quotité de l'objet du contrat seraient ainsi déterminées dès ce moment même.

191 — Mais qu'adviendra-t-il par la suite ? Le jugement, qui ordonne la vente, une fois rendu, un cahier des charges et conditions de celle-ci devra, conformément à la loi, être dressé et déposé. Évidemment ce cahier des charges renfermera d'autres conditions que la condition unique sous laquelle l'engagement a été contracté par le tiers et accepté par celui dont les biens sont en vente . C'est par le

fait personnel de ce dernier et postérieurement à son acceptation de l'engagement, pris par le tiers et déterminé quant à l'espèce et à la quotité de son objet et à ses conditions, que de nouvelles conditions auront été ainsi prescrites pour la vente. Ce n'est pas, cependant, pour une telle vente, modifiée ultérieurement quant à ses conditions, que l'engagement avait été souscrit par le tiers, et celui-ci, qui n'est pas tenu au delà de ce à quoi il s'était obligé, ne pourra plus être contraint de remplir une obligation dont les stipulations sont autres que celles du contrat réellement souscrit et accepté.

192 — Il est vrai que, suivant l'art. 1135 C. c., les conventions obligent, non seulement à ce qui y est exprimé, mais encore à toutes les suites que l'équité, l'usage et la loi donnent à l'obligation d'après sa nature. Ces suites constituent ce qu'on appelle les obligations accessoires. Mais toutes celles qui ne résultent ni de l'essence, ni de la nature de l'obligation principale, n'obligent les parties qu'à la condition d'une clause expresse. Or, parmi les stipulations insérées habituellement dans le cahier des charges d'une vente judiciaire, il s'en trouve toujours plusieurs qui sont étrangères à l'essence et à la nature du contrat de vente, et ne dérivent, sous ce rapport, ni de la loi, ni de l'usage, ni de l'équité. L'engagement du tiers ayant eu lieu sous la seule condition spécifiée d'une vente devant

notaire, ne pourra pas, par suite, comprendre implicitement toutes ces conditions imposées ultérieurement par le cahier des charges.

193 — C'est ainsi que presque tous — on peut même dire tous — les cahiers des charges et conditions des ventes judiciaires volontaires, à la barre ou devant notaire, renferment notamment les clauses suivantes :

1° L'adjudicataire ne pourra prétendre à aucune indemnité pour erreur dans la contenance, alors même que cette erreur serait de plus d'un vingtième.

2° Attribution de juridiction en faveur du tribunal de la situation des immeubles et élection de domicile dans son arrondissement sont faites par ceux qui poursuivent la vente et sont imposées à l'adjudicataire, pour toutes les difficultés relatives à l'exécution des conditions de l'adjudication et de ses suites, quelle que soit la nature de ces contestations.

3° Le prix sera payé en espèces d'or ou d'argent ayant actuellement cours et non autrement, et, par le seul fait de l'adjudication, l'adjudicataire renoncera à invoquer toutes lois et tous décrets qui introduiraient le cours forcé de papier-monnaie, effet public ou autre valeur fiduciaire quelconque.

4° Pendant la quinzaine de la transcription du procès-verbal, l'adjudicataire ne pourra pas faire aux créanciers les notifications prescrites par les art. 2183 et 2184 C. c., à moins qu'il n'y soit contraint par les poursuites d'un créancier inscrit.

5° Dans le cas où il usera de la faculté de déclarer command, l'adjudicataire sera, solidairement avec ceux qu'il se sera substitués, obligé au paiement du prix et à l'accomplissement des charges.

194 — Ces cinq clauses, non-seulement ne sont pas une suite que l'équité, l'usage ou la loi donnent à l'obligation principale contractée par l'acquéreur d'un immeuble, mais constituent, au contraire, une dérogation formelle à la suite donnée d'après sa nature, sous ce triple rapport, à un contrat de vente par les prescriptions elles-mêmes de la loi. Examinons-les séparément.

Les art. 1619 et 1620 C. c. accordent à l'acquéreur, en l'absence de la clause n° 1, le droit de se prévaloir d'une différence dans la contenance, si elle est supérieure à un vingtième. Ce droit existe même en matière de ventes judiciaires (1).

Aux termes de l'art. 59 C. pr. civ., la compétence du tribunal qui doit être saisi des contesta-

---

(1) Besançon 4 mars 1813 ; Riom 12 février 1818 (D. A. V° *Vente publ. d'im.*, n° 1801); Toulouse 14 juin 1845 (D. P. 47.2.49); Nîmes 31 mars 1852 (D. P. 52.2.269 — S. 52.2.339); Angers 25 août 1852 (D. P. 53. 2. 69 — S. 52. 2. 587); Req. 18 novembre 1828 (D. A. V° *Vente publ. d'im.*, n° 740-2°); Civ. cass. 28 mai 1862 (D. P. 62. 1. 209. — S. 62. 1. 747).

tions de diverse nature pouvant s'élever sur l'exécution des conditions de l'adjudication, est réglée, pour certaines d'entre elles, contrairement à la clause n° 2, qui se trouve ainsi nécessaire pour modifier les prescriptions elles-mêmes de la loi.

Dès que le moment d'exécuter la clause n° 3 sera survenu, c'est-à-dire lorsqu'un acte législatif aura établi le cours forcé de valeurs fiduciaires représentatives du numéraire, elle se trouvera contraire aux prescriptions légales. Il a été décidé que les lois monétaires qui, en vue de conjurer une crise imminente, décrètent le cours forcé d'un papier de crédit, participent des lois de police et de sûreté et rentrent dans la catégorie de celles auxquelles il n'est pas permis de déroger par des conventions particulières, même antérieures à leur promulgation (1).

Contrairement à la clause n° 4, l'art. 2183 C. c. dit formellement que l'acquéreur peut, même avant les poursuites, faire la notification aux créanciers inscrits (2), et cette clause devient nécessaire pour qu'une dérogation soit apportée aux prescriptions de la loi.

Aux termes de l'art. 1202 C. c., la solidarité ne se présume pas et doit être formellement stipulée ;

---

(1) Civ. cass. 11 février 1873 (D. P. 73. 1. 177. — S. 73. 1. 97).

(2) Limoges 18 décembre 1840 (S. 41. 2. 185).

d'autre part, aucun texte de loi n'édictant la solidarité contre celui qui fait et celui au profit duquel est faite une élection de command, la solidarité stipulée dans la clause n° 5 ne peut exister qu'à raison même de cette stipulation. A ce point de vue, il n'est pas sans intérêt de rechercher quelle est la nature du contrat qui a pu intervenir entre celui qui poursuit la vente et celui dont les biens sont vendus, d'une part, et, d'autre part, celui qui fait la déclaration de command.

On sait qu'il y a deux espèces d'élections de command : celle qui porte improprement ce nom et qui est faite par l'avoué en vertu de l'art. 707 C. pr. civ., et celle faite par toute personne adjudicataire en vertu de l'art. 68 de la loi du 22 frimaire an VII. La première ne saurait rendre l'avoué solidaire avec son élu. Cet officier ministériel, en enchérissant, remplit un mandat légal et obligatoire, auquel il n'a pas la faculté de se soustraire et dont la loi précise les obligations. Lorsque l'avoué a rempli celles-ci, il n'est plus tenu à aucune obligation, à moins qu'il ne s'agisse d'une personne notoirement insolvable ou qui n'avait pas le droit d'être adjudicataire (1).

La personne qui fait la déclaration du command

---

(1) Colmar 17 mai 1843 (D. A. V° *Vente publ. d'im.*, N° 1717).

autorisée par la loi de frimaire an VII, agit en cela comme mandataire fictif de l'élu. L'expression « command » employée par le législateur suffit pour le démontrer, et cette qualité de mandataire en laquelle il agit, est reconnue sans contestation (1). Non seulement la loi n'édicte aucune solidarité au profit des tiers contre le mandataire et son mandant, mais elle dégage, au contraire, le premier de tout engagement vis-à-vis des tiers , s'il a agi seulement comme mandataire et dans les limites de son mandat. Le mandant seul est lié et son mandataire reste étranger, sous ce rapport, aux engagements qui résultent du contrat (2). Il est vrai que ce caractère de mandataire ne suffit pas à expliquer tous les effets produits en matière de command et qu'à ce caractère s'en ajoute un autre, celui de stipulant pour autrui dans les

---

(1) Civ. cass. 31 janvier 1814 ; Civ. rej. 13 avril 1815 ; Civ. rej. 18 février 1839 ; Trib. Angers 5 août 1836 ; Trib. Seine 29 mars 1843 (D. A. V° *Enreg.*, n°ˢ 2586, 2591, 2581, 2568 et 2569 — S. 39. 1. 187).

(2) Colmar 5 mai 1810 ; Req. 24 mars 1825 ; Civ. cass. 17 juillet 1838 ; Bordeaux 25 juillet 1838 ; Douai 12 novembre 1840 ; Civ. cass. 21 août 1843 (D. A. V° *mandat* N°ˢ 303 et 305 — S. 44. 1. 180) ; Civ. rej. 9 juillet et 8 mai 1872 (D. P. 72. 1. 348 et 404 — S. 73. 1. 256 et 266) ; — Aubry et Rau, t. 4, § 415 ; Troplong, *Du mandat*, p. 490, N°ˢ 516 et suiv. et p. 565, N°ˢ 595 et suiv.; Laurent, t. 28, N° 43.

conditions de l'art. 1120 C. c.. Mais l'existence de ce second caractère n'est reconnue que pour le cas où celui au profit duquel la déclaration est faite, ne l'accepte pas. Si cette acceptation a lieu, le command est censé être propriétaire ab initio, avoir contracté directement avec le vendeur et tenir immédiatement de celui-ci sa propriété, de manière que le commandé ne peut pas être recherché pour le prix. Dès que la déclaration de command a été faite et acceptée, l'élu est investi des droits et obligations résultant de l'achat primitif (1). Aussi a-t-il été jugé que, dans ce cas, l'élu est seul obligé et qu'à moins d'une clause formelle, celui qui a fait la déclaration de command n'est ni caution, ni solidaire (2).

Il semblerait résulter des motifs d'un arrêt de la Cour de Nîmes que le commandé et le command devraient être tous deux tenus vis-à-vis du vendeur, mais dans le cas seulement où le premier n'a fait élection que pour partie des immeubles et reste ainsi acquéreur définitif de l'autre partie. Ce serait alors un résultat produit par l'application des art. 1218 et 1222 C. c. (3).

Si malgré l'opinion généralement reçue, on

---

(1) Troplong, *De la vente*, t. 1, N°s 64 et suiv.; Toullier, t. 8, N° 170.

(2) Civ. rej. 27 janvier 1808 (D. A. V° *Vente*, N° 222).

(3) Nîmes 5 mars 1855 (D. P. 55. 2. 162).

admettait que le commandé doit être considéré comme acquéreur sous une condition résolutoire, en ce sens qu'il ne serait plus acquéreur au cas d'une élection de command faite et acceptée, il ne saurait y avoir davantage solidarité. La condition résolutoire survenue, c'est-à-dire la déclaration de command faite et acceptée, les choses sont remises dans l'état où elles étaient avant l'obligation contractée par le commandé ; l'art. 1183 C. c. est formel et l'obligation est considérée comme n'ayant pas existé. Cet effet se produira de plein droit, conformément à cet article 1183, puisque la condition résolutoire se trouve expressément stipulée (1), cette déclaration de command n'étant permise que si elle a été réservée dans le cahier des charges et conditions de la vente.

195 — S'appuyant précisément sur ce que les cinq clauses que nous venons de passer en revue sont devenues de règle dans tous les cahiers des charges, dirait-on qu'il en résulte un usage bien établi, dont l'effet, conformément à l'art. 1135 C. c., doit être de lier, sans engagement spécial pour ces clauses, le tiers qui s'est engagé à porter l'enchère à un prix déterminé d'avance, sous la seule condition du renvoi de la vente devant notaire ? Ce

---

(1) Civ. cass. 31 décembre 1856 (D. P. 57. 1. 281) ; — Aubry et Rau, t. 2, p. 403 et t. 4, p. 80 et 82 ; Laurent, t. 16, n° 103.

serait méconnaître la portée de cet article. Quelque bien établi que soit un usage, il ne peut pas prévaloir contre les dispositions formelles de la loi, à moins que les parties contractantes n'aient stipulé qu'il serait dérogé à la loi pour se conformer à cet usage. Il en est de même de l'équité. C'est seulement dans le silence de la loi que l'on doit recourir à l'usage et à l'équité ; lorsqu'il y a un texte précis, l'usage et l'équité ne sauraient l'emporter sur la loi elle-même. Ils peuvent l'expliquer, la compléter, mais non la dénaturer et la détruire (1).

Malgré la valeur qu'il pouvait avoir au moment du jugement ordonnant la vente et fixant le mode de celle-ci, l'engagement pris par un tiers, sous la condition unique du renvoi devant notaire, de porter l'enchère à un prix déterminé d'avance, perdra donc toute efficacité par le fait même du dépôt du cahier des charges effectué ultérieurement.

____

(1) Cass. 13 juillet 1829 (S. 29.1.317); Rouen 19 juin 1847 (S. 48.2.311); Civ. cass. 25 janvier 1841 (S. 41.1.105); Civ. cass. 20 juin 1848 (S. 48.1.433); Cass. 26 mai 1866 et Colmar 22 novembre 1866 (D. P. 67.2.34 et 35); — Larombière t. 1, p. 384 et t. 2, p. 120 : Toullier t. 1, p. 116 et t. 6, p. 372 ; Demolombe t. 1, n° 35, p. 35 à 37; Aubry et Rau t. 1, § 23, p. 43.

Section II

Appréciation suivant certains arrêts

———

———

196 — Ces arrêts sont peu nombreux et les trois systèmes qu'ils consacrent vont à l'encontre de la jurisprudence la plus généralement suivie. Le plus récent de ces systèmes a été inauguré en 1879, si l'on prend la date du premier arrêt qui se trouve rapporté dans les recueils comme l'ayant appliqué; il paraît avoir pour base le doute sur le mode de vente le plus avantageux. Les deux autres consistent, l'un à considérer les tribunaux comme liés par l'accord des parties sur le mode de vente, et, l'autre, à prendre comme règle la retenue des ventes à la barre et comme exception leur renvoi devant notaire.

Retenue à la barre comme règle ; renvoi devant notaire comme exception

---

SOMMAIRE

197 — Motifs donnés à l'appui de ce système.
198 — Décisions qui l'ont consacré.
199 — Jurisprudence contraire.
200 — Réfutation de ce système.

---

197 — Sous l'ancienne législation, dit-on à l'appui de ce système, c'est aux audiences des criées que les ventes judiciaires d'immeubles avaient lieu sans exception. Cet état de choses a été modifié par le C. c. et le C. pr. civ., qui ont donné aux tribunaux la faculté de renvoyer exceptionnellement certaines ventes devant notaire (1). On ajoute que, dans l'économie du C. pr. civ., les ventes judiciaires appartiennent essentiellement, sinon exclusivement, aux tribunaux, qui sont libres de les conserver ou

---

(1) *Bulletin des Greffiers des tribunaux de première instance*, 1ʳᵉ série, années 1872 à 1875, p. 92 ; *Mémoire au Corps législatif par les greffiers de première instance*, p. 6 et 7 ; *Mémoire au Corps législatif par la Compagnie des avoués de première instance du ressort de Grenoble*, p. 38.

de les renvoyer devant notaire, et que les ventes à la barre doivent rester la règle et celles devant notaire ne doivent être que l'exception (1). Cette proposition, dit même un arrêt de la Cour de Douai du 29 avril 1884, est si vraie que les art. 954 et 970 C. pr. civ. énoncent la vente à la barre avant celle devant notaire.

198 — Les décisions consacrant cette opinion sont rares; les recueils n'en rapportent qu'un très petit nombre (2).

199 — Ce système est à peu près unanimement repoussé par la jurisprudence, dont les documents en sens contraire sont assez nombreux (3).

200 — On lui oppose, avec raison, qu'il est contraire à la lettre et à l'esprit de la loi. Le législateur n'a établi aucune préférence entre les deux modes de vente et n'a nullement indiqué l'un

---

(1) V. notamment Chauveau t. 5, p. 1523 et Paignon p. 25, N° 48.

(2) Trib. Lyon 8 août 1874 sous arrêt de Lyon 17 décembre 1874 (S. 76. 2. 15); Caen 8 octobre 1874 (*Bulletin des greffiers des tribunaux de première instance,* 1re série, p. 204) et Douai 29 avril 1884 (G. P. 84. 2. 67).

(3) V. notamment Bordeaux 28 juin 1838 (D. A. V° *Vente publ. d'im.,* N° 1988 — S. 39. 2. 109); Lyon 17 décembre 1874 (S. 76. 2. 15 — R. N. 75. 512); Lyon 6 juillet 1876 (S. 77. 2. 207); Grenoble 30 juin 1877 (S. 78. 2. 197. — R. N. 78. 197) et Paris 30 janvier 1888 (*Circulaire N° 208 du Comité des notaires des départements*).

comme la règle et l'autre comme l'exception. Tous
deux sont placés par lui sur la même ligne, et, en
présence des avantages et des inconvénients que
chacun pouvait présenter suivant les cas, il a permis
d'opter indistinctement pour l'un ou pour l'autre.
Non seulement les articles de loi contenant l'indication des deux modes de vente ne révèlent chez le
législateur aucune intention d'avoir considéré celle
à la barre comme devant prédominer sur l'autre,
mais il résulte, au contraire, des travaux préparatoires de la loi du 2 juin 1841 et notamment des
paroles de son rapporteur (1) que les tribunaux
« peuvent changer à leur gré la profession de
« l'officier public , en renvoyant la vente soit
« devant un notaire , soit devant un juge à l'au-
« dience des criées, à la condition de n'écouter
« d'autre considération que l'intérêt des parties ».
Si bien les art. 954 et 970 C. pr. civ. indiquent la
vente à la barre avant celle devant notaire, il ne
faut pas attribuer à cette disposition, purement
grammaticale, une importance que le législateur
lui-même n'a pas entendu lui donner, puisque dans
les art. 743 et 746 du même code, il énonce la
vente devant notaire avant celle à la barre, et que,
dans ces divers articles, il a soin de se servir des
deux conjonctions alternatives « ou » et « soit ».

---

(1) D. A. V° *Vente publ d'im.*, p. 579, n° 152.

§ 2

Accord des parties sur le mode de vente

SOMMAIRE

201 — En quoi consiste ce système ; arrêts qui l'admettent.
202 — Motifs de ces décisions.
203 — Erreur de ce système.
204 — Jurisprudence qui le repousse.

201 — Si toutes les parties intéressées sont d'accord pour demander spécialement l'un des deux modes de vente, le tribunal est lié par cet accord et tenu de déférer à cette demande. Tel est le système consacré par quelques arrêts (1); toutes ces décisions, cependant, ne sont pas également formelles et quelques-unes paraissent l'admettre plus timidement que les autres.

202 — Les motifs donnés à l'appui de cette opinion se réduisent à ceux-ci : les parties sont les meilleurs juges de leurs intérêts, et lorsqu'elles sont d'accord pour demander spécialement un mode de

---

(1) V. notamment Bordeaux 26 novembre 1834 et 29 septembre 1835 (S. 36.2.141 — D. A. V° *Vente publ. d'im.*, n° 2004 — 1° et 2°); Grenoble 22 novembre 1858 (D. P. 60.5.415 — S. 60.2.419) et Rennes 27 janvier 1872 (R. N. 74.214).

vente, leur intérêt à ce que les immeubles soient vendus de la façon qu'elles indiquent, doit être présumé bien entendu par elles.

203 — Ce système méconnaît complètement l'intention du législateur et le texte de la loi. Il suffit de se reporter aux travaux préparatoires de celle du 2 juin 1841, pour y voir formellement exprimé que le tribunal ne saurait être lié par l'accord des parties sur un mode spécial de vente, sauf le cas particulier prévu dans le § 2 de l'art. 827 C. c., et que, bien au contraire, il doit rechercher quel est le mode le plus avantageux et sauvegardant le mieux leurs intérêts. S'il en était autrement et s'il suffisait de l'accord des parties, il en résulterait que l'intervention de la justice ne serait plus qu'une formalité vaine et coûteuse et cependant obligatoire. La convention intervenue entre elles sur le mode de vente ne peut former un contrat judiciaire auquel le juge ne saurait refuser l'exequatur ; l'obligation imposée aux parties par la loi de soumettre leur demande au tribunal implique pour celui-ci, non-seulement un droit, mais un devoir d'examen dont le jugement à rendre est l'expression. Autrement, il n'y aurait rien à juger et le législateur n'aurait pas soumis et, par conséquent, subordonné la demande à ce jugement. Ce n'est pas se livrer à la recherche et à l'examen de l'intérêt des parties, ainsi que l'a entendu le législateur, que d'admettre que celles-ci en sont les

meilleurs juges ; c'est précisément parce qu'elles sont exposées à tomber dans l'erreur et à faire une mauvaise appréciation, que la loi a confié aux tribunaux une mission spéciale sur ce point.

204 — Aussi l'opinion consacrée par ces arrêts et qui va à l'encontre du pouvoir discrétionnaire d'appréciation, reconnu aux tribunaux par la Cour suprême et la presque unanimité des Cours d'appel, et du principe de l'intérêt des parties, puisque l'appréciation faite par celles-ci, a priori présumée exacte, serait substituée à celle confiée par la loi au juge, est-elle repoussée implicitement par les nombreux arrêts cités plus haut (1). Elle a été, en outre, spécialement rejetée par un certain nombre de décisions (2).

---

(1) V. Suprà, Chapitre I, § 2.

(2) V. notamment Nîmes 29 décembre 1827 ; Orléans 3 mars 1838 ; Bordeaux 3 août 1838 (D. A. V° *Vente publ. d'im.*, n°⁸ 1990, 1399 et 1999); Nancy 20 février 1846 (D. P. 46. 2. 118); Grenoble 1ᵉʳ juillet 1868 (S. 68. 2. 304 — R. N. 68. 810) et Lyon 17 décembre 1874 (S. 76. 2. 15).

§ 3

Doute sur le mode de vente le plus avantageux

SOMMAIRE

205 — Trois Cours d'appel, suivant leurs arrêts rapportés dans les recueils (1), prennent, pour la recherche du mode de vente une base d'appréciation qui, différant complètement de celle consacrée par les autres Cours, paraît, cependant, admettre les principes de l'intérêt des parties et du pouvoir discrétionnaire d'appréciation du juge. C'est dans l'arrêt rendu par la Cour de Paris le 27 juillet 1887, que ce système est le plus nettement formulé ; il est intéressant d'en étudier les motifs.

---

(1) Poitiers 15 décembre 1879 (S. 80. 2. 83 — R. N. 80. 118); Paris 27 juillet 1887 (D. P. 88. 5. 532) et Alger 2 novembre 1887 (R. N. 88. 116).

206 — « Considérant, énonce-t-il tout d'abord,
« que les art. 459 C. c. et 970 C. pr. civ., suivant
« lesquels la vente des biens de mineurs doit avoir
« lieu soit devant un juge soit devant un notaire
« à ce commis, n'établissent aucune préférence
« entre ces deux modes de vente ; que le choix
« doit être guidé par le seul intérêt des parties ».
Voilà bien nettement admis le pouvoir discrétionnaire d'appréciation des tribunaux sur le renvoi
devant notaire et la retenue à la barre des ventes
judiciaires d'immeubles. Le principe qui domine
cette matière et suivant lequel le juge doit s'inspirer de l'intérêt des parties pour le choix du mode
de vente, est non moins formellement posé. Jusque
là aucune divergence entre ces trois Cours et les
autres.

Mais après avoir consacré ainsi ces deux principes, l'arrêt continue par le motif suivant : « Atten-
« du que, dans l'espèce, le conseil de famille à
« l'unanimité a été d'avis qu'il était préférable que
« la vente ait lieu devant notaire ; qu'encore bien
« que les motifs donnés à l'appui de son avis soient,
« en eux-mêmes, médiocrement décisifs, on ne
« voit cependant, dans les faits de la cause, aucune
« raison plus déterminante en faveur de l'autre
« mode de vente » . La Cour a examiné le mérite
des motifs invoqués par les parties à l'appui de
leur demande de renvoi devant notaire ; cet examen a amené chez elle la conviction que ces

motifs ne pouvaient pas être retenus comme décisifs. Elle recherche alors, suivant la mission qui
lui incombe, si des raisons déterminantes existent,
au contraire, en faveur d'une vente à la barre ;
son examen n'est pas plus heureux de ce côté que
du premier. Il est facile de pressentir la situation
dans laquelle va se trouver le juge : celle du doute,
puisque rien de décisif dans un sens ni dans l'autre
n'est sorti des recherches auxquelles il s'est livré.

207 — C'est là — on en conviendra — une
situation peu ordinaire pour un juge que celle où
il ne possède aucun motif pour se déterminer. Au
début du considérant suivant, l'arrêt constate cette
situation : « attendu que dans le doute », ajoute-
t-il immédiatement. Ne se croirait-on pas un peu
devant la juridiction correctionnelle, où le doute
va profiter au prévenu, qui en bénificiera par un
acquittement ? Mais il s'agit de la juridiction civile
et, de plus, l'art. 4 C. c., quels que puissent être
les doutes subsistant dans l'esprit du juge, ne
permet pas à celui-ci de s'abstenir. Il lui faut donc
sortir légalement de cette impasse ; c'est ici qu'apparaît le système spécial à ces trois Cours.
« Attendu que dans le doute, dit alors l'arrêt, il
« convient de suivre le vœu très nettement expri-
« mé par les représentants légaux des mineurs,
« alors qu'il n'apparaît pas que les premiers juges
« aient eu des raisons suffisantes pour l'écarter » .

208 — Nous sommes bien loin maintenant des

deux principes du pouvoir discrétionnaire d'appréciation et du mobile de l'intérêt des parties, par
lesquels débutaient les motifs de l'arrêt. En effet,
d'une part, rien de décisif dans les raisons invoquées par les parties à l'appui de leur demande du
renvoi de la vente devant un notaire : c'est l'arrêt
lui-même qui le proclame ; d'autre part, les parties
insistant pour que, dans ces conditions, leur demande soit accueillie, le renvoi est ordonné : cela
résulte encore de l'arrêt. On peut se demander alors
quelle différence il y a entre le système qui, dans
ce cas, ordonne le renvoi sollicité par les parties,
et celui qui considère le juge comme lié par leur
accord et tenu de déférer à leur demande. S'il en
existe une, elle ne saurait être bien sensible et, en
réalité, ce système aboutit à la négation du pouvoir
discrétionnaire d'appréciation des tribunaux et du
mobile de l'intérêt des parties.

209 — Fondé, en apparence, sur le pouvoir
discrétionnaire d'appréciation du juge que consacre
le système admis par la généralité des Cours d'appel, celui créé par les Cours de Paris, Alger et
Poitiers s'en sépare, en réalité, en ce qu'il restreint
ce pouvoir dans des limites telles que celui-ci
n'existe, pour ainsi dire, plus. Le pouvoir discrétionnaire d'appréciation est refusé toutes les fois
que l'évidence n'existera pas ; le juge sera alors lié
par l'accord des parties et tenu de déférer à leur
demande. Basé également, en apparence, sur le

principe suivant lequel le juge doit s'inspirer uniquement de l'intérêt des parties, il n'existe, cependant, qu'à la condition de porter atteinte à ce principe, puisqu'il subordonne la décision au seul fait de la requête formulée par elles, alors même que l'intérêt invoqué à l'appui de cette demande n'est pas démontré.

210 — Ce système, que l'on peut appeler celui du doute, aboutirait donc aux plus fâcheuses conséquences, s'il était admis. Il consisterait, en définitive, à ne reconnaître au juge qu'une simple mission d'enregistrement de la demande des parties et de l'avis du conseil de famille. Si les éléments d'appréciation de l'intérêt des parties, tels qu'ils résultent de la jurisprudence des autres Cours, ne suffisent pas, dans certains cas, pour se faire une opinion certaine sur cet intérêt, d'autres éléments existent, ainsi que nous l'avons vu (1), qui ont bien leur valeur et qui sont de nature à permettre au juge d'éviter le doute et de repousser les conséquences fâcheuses qui en résulteraient.

---

(1) V. Suprà Chapitre II, Sect. III, § 1 et § 2, nos 125 à 130; Chapitre III, nos 131 à 133 , Section I, § 1 nos 145 à 151, § 2, nos 158 à 159 et § 3, nos 160 à 162.

CHAPITRE IV

De quelques cas spéciaux

211 — Pour rendre notre étude moins incomplète, il nous paraît utile de traiter ici de quelques cas spéciaux, touchant à l'office du juge dans le renvoi devant notaire ou la retenue à la barre des ventes judiciaires d'immeubles et dont l'examen ne pouvait avoir lieu dans les chapitres précédents, sans nuire à la division que nous avions cru devoir adopter. Ils se présenteront rarement, dans la pratique, sauf quelques-uns, cependant, qui, sans être fréquents, ont donné lieu, parfois, à quelque difficulté d'application des principes de la matière. L'un d'eux, néanmoins, celui relatif à la conversion sur saisie, se produit souvent :

Parmi ces cas spéciaux, les uns se rapportent plus particulièrement à la décision sur le mode de vente à ordonner, et les autres concernent plutôt la délégation du juge et du notaire à commettre.

SECTION I

Renvoi et retenue de la vente

212 — Suivant les circonstances dans lesquelles se présenteront les procédures, le renvoi et la retenue de la vente soulèveront, dans la pratique, des difficultés spéciales. C'est ainsi notamment qu'un testament peut contenir une clause particulière sur la façon dont le testateur entend que les immeubles composant sa succession seront vendus; qu'il y aura lieu de rechercher s'il ne conviendrait pas de vendre, en même temps que l'immeuble, le mobilier qui le garnit; qu'il sera peut-être nécessaire de décider si un mode de vente, autre que celui primitivement fixé, ne doit pas être ordonné; qu'après une surenchère ou une folle enchère, la question du renvoi devant notaire, même à ce moment là, sera soulevée par les parties; que le juge aura à se demander si une requête de conversion de saisie immobilière en vente sur publications volontaires doit être accueillie.

§ I

Testament avec clause sur un mode spécial de vente

SOMMAIRE

213 — La difficulté peut se produire notamment sous les deux formes suivantes : 1° le testateur a prescrit que les immeubles composant sa succession seront vendus devant un notaire et non pas à la barre du tribunal, ou vice versa, et 2° il a ordonné que les immeubles recueillis dans sa succession se vendront dans la forme voulue pour l'aliénation des biens des mineurs.

214 — Dans le premier cas, la condition imposée par le testateur va à l'encontre des prescriptions mêmes du législateur ; elle doit donc, suivant l'art.

900 C. c., être réputée non écrite comme contraire
à la loi. Le juge ne devrait pas en tenir compte
pour sa décision sur le choix du mode de vente, si
elle était invoquée par les parties. Il en a été décidé
ainsi par un arrêt de la Cour de Paris, dans
une espèce où les légataires comprenaient des
mineurs (1).

Alors même que tous les légataires ou héritiers
seraient majeurs, si la clause testamentaire imposait
l'un quelconque des deux modes de vente à l'exclusion de l'autre, la décision paraîtrait devoir être
la même. Les art. 827 C. c. et 970 C. pr. civ., tels
qu'ils sont interprétés par la jurisprudence des
Cours d'appel et de la Cour de cassation, investis-
sent les tribunaux d'un pouvoir discrétionnaire d'appréciation sur le choix du mode de vente à ordonner,
et cette clause du testament constitue la négation de
ce pouvoir donné par la loi au juge. Admettre la
condition imposée par le testateur, ce serait enlever
aux tribunaux la mission dont ils sont chargés par
la loi et les empêcher de la remplir ; pour conserver
l'efficacité des prescriptions légales sur ce point, il
n'y a pas d'autre moyen que de réputer la clause
non écrite, précisément parce qu'elle va à l'encontre
de la loi.

215 — Néanmoins, au cas où tous les héritiers
ou légataires seraient majeurs et maîtres de leurs

---

(1) Paris 13 août 1849 (D. P. 5o. 2. 194).

droits, une clause testamentaire de cette nature se trouverait, par le fait, respectée, s'ils usaient de la faculté que leur accorde le § 2 de l'art. 827 C. c.. Ce serait, en réalité, non pas à raison de la clause mise par le testateur, que la vente serait renvoyée devant notaire, mais parce que les parties entendraient profiter du droit inscrit en leur faveur dans ce § 2, qui doit être considéré comme n'ayant été l'objet d'aucune dérogation de la part du C. pr. civ., ni de la loi du 2 juin 1841 (1).

216 — Dans le second cas, la clause testamentaire est, vis-à-vis des prescriptions de la loi, bien différente de celle que nous venons d'examiner, si on l'envisage au point de vue de la mission dont les tribunaux sont investis pour décider du mode de vente. L'obligation imposée par le de cujus, loin d'être contraire aux prescriptions légales, laisse au juge toute liberté d'apprécier le meilleur mode de vente à ordonner et de décider que les immeubles seront vendus à la barre ou devant notaire. Cette opinion a été consacrée par la Cour de cassation (2).

217 — Cependant, dans l'espèce soumise à la

----

(1) Civ. rej. 3 janvier 1843 (S. 43.1.119); — Bioche V⁵ *Partage* n° 112 et *Vente jud.* n° 178; D. A. V° *Vente publ. d'im.*, n° 2000; Chauveau, t. 5, p. 1522 et 1526; Demolombe t. 15, p. 648; Rousseau et Laisney, V⁵ *Partage* n° 61 et *Vente jud. d'im.*, n° 1407.

(2) Req. 8 août 1848 (D. P. 48.1.188 — S. 49.1.66).

Cour suprême, il n'y avait pas d'héritiers à réserve,
et l'arrêt qui lui était déféré (1) avait alors pu dire,
avec raison, que la loi permet à l'homme, selon
qu'il a ou n'a pas d'héritiers à réserve, de disposer
de tout ou partie de ses biens pour le temps où il
n'existera plus (art. 893, 859 et 913 et suiv. C.
c.) ; qu'en lui conférant ce droit, la loi lui laisse la
plus entière liberté quant au mode de distribution
de ses biens, et que ses volontés à cet égard doivent recevoir leur complète exécution du moment
où elles ne sont contraires ni aux prescriptions ou
prohibitions de la loi, ni à l'ordre public ou aux
bonnes mœurs ; que, par aucune de ses dispositions, la loi n'oblige le testateur à transmettre ses
biens en nature à ceux qu'il juge à propos d'en
gratifier ; que rien, dès lors, ne fait obstacle à ce
qu'en instituant des légataires, le testateur décédé
sans héritier à réserve ordonne que ses immeubles
seront vendus dans la forme par lui indiquée.
C'était également avec raison que la Cour de cassation avait pu proclamer, après la Cour d'appel,
que le testateur, qui n'a point d'héritiers à réserve,
est libre d'imposer aux légataires qu'il s'est choisis
et auxquels il était le maître de ne rien laisser,
telle condition qui lui plaît, pourvu qu'elle ne soit
contraire ni à la loi, ni à l'ordre public ou aux

---

(1) Douai , 26 juin 1847 (D. P. 47.2.209 — S. 49.1 66.
sous cass.).

bonnes mœurs. Aucune restriction contraire à la loi n'était donc, dans cette espèce, apportée par la clause du testament à un droit quelconque des légataires, indépendant de celui qu'ils puisaient uniquement dans le testament lui-même et antérieur à celui-ci.

218 — En serait-il de même si le de cujus laissait des héritiers à réserve et majeurs? Des principes que ces deux arrêts précisent avec soin dans leurs motifs, il résulterait que non et que, dans ce cas, l'obligation d'une vente des immeubles dans les formes voulues pour l'aliénation des biens des mineurs, imposée par le testateur, porterait atteinte aux droits accordés par la loi aux héritiers à réserve et constituerait une diminution de ces droits, atteinte et diminution contraires, dès lors, aux prescriptions légales.

219 — Mais, si bien la clause testamentaire devrait, dans cette hypothèse, être réputée non écrite, cette solution ne pourrait pas toujours produire un résultat pratique. Supposons, en effet, que tous ces héritiers réservataires, majeurs et maîtres de leurs droits, ne s'accordent pas sur le choix du notaire et que, cependant, les immeubles ne sont pas susceptibles d'un partage en nature ; le tribunal se trouvera alors obligé de rechercher quel est le mode de vente le plus avantageux et, suivant le cas, de décider que les biens se vendront à sa barre ou devant notaire.

§ 2

Immeuble avec mobilier garnissant ;
vente unique

SOMMAIRE

220 — Un arrêt de la Cour de Bordeaux (1) a décidé que le mobilier, qui garnit un immeuble mis en licitation, peut être vendu en même temps que lui à la barre du tribunal. Les motifs sur lesquels cette décision est basée devraient, s'ils étaient fondés, faire juger dans le même sens en n'importe quelle autre vente judiciaire d'immeuble

---

(1) Bordeaux 25 juin 1856 (J. A. 81.503).

et aussi en cas de renvoi devant notaire . Fort
justement, M. Chauveau critique cet arrêt, qui,
dit-il, tranche la difficulté plutôt qu'il ne la résout.
Passant ensuite à l'examen de la question elle-
même, il la traite en la forme et au fond (1).

221 — Nous avouons que les raisons données
par lui sur le fond nous touchent médiocrement.
Elles ont trait surtout aux difficultés de la ventilation qu'une vente unique ainsi faite d'un immeuble
avec le mobilier qui le garnit , rendrait nécessaire
afin de déterminer la portion du prix afférente au
mobilier et celle afférente à l'immeuble. Mais la
même difficulté ne se produit - elle pas lorsque,
dans une vente unique de divers articles d'immeubles, il y a des créanciers à hypothèque générale et
d'autres à hypothèque spéciale? Ne faut-il pas
alors, pour la distribution du prix dans l'ordre
qui est ouvert, procéder à une ventilation afin
d'arriver à une collocation exacte de ces divers
créanciers inscrits? On n'a jamais songé, cependant,
à critiquer sérieusement, à raison de cette ventilation nécessaire, ces ventes d'immeubles. Ajoutons
que la même ventilation servirait à la Régie de
l'enregistrement pour lui permettre de percevoir le
droit immobilier seulement sur la portion du prix
représentative de la valeur de l'immeuble.

222 — Quant aux difficultés que pressent éga-

---

(2) Chauveau t. 5, p. 1516.

lement cet auteur relativement aux droits des créanciers hypothécaires et chirographaires, elles nous paraissent peu réelles. Il s'agit d'objets mobiliers, et non d'objets immeubles par destination, puisque pour ceux-ci la question de leur vente avec l'immeuble ne peut pas être discutée. Les créanciers hypothécaires, à l'exclusion des créanciers chirographaires, auront donc droit à la totalité du prix des immeubles, et ces deux catégories de créanciers viendront au marc le franc, le cas échéant, sur le prix des objets purement mobiliers, sauf la nécessité d'une ventilation. Dirait-on que, par cette vente unique, le mobilier a été uni et incorporé à l'immeuble ? Cette prétendue incorporation ne saurait avoir pour résultat d'enlever à ces objets leur caractère mobilier. Les effets mobiliers ne peuvent affecter, contrairement à leur nature, un caractère immobilier que dans les conditions prévues et déterminées par la loi (1). Or, nulle part, celle-ci n'admet que le caractère mobilier d'un objet est perdu et transformé en celui d'immobilier uniquement parce que son propriétaire l'a vendu en même temps que l'immeuble dans lequel il se trouvait (2).

---

(1) Civ. cass. 17 janvier 1859 (D. P. 59.1,68 — S. 59.1. 519).

(2) Notamment, après avoir, dans les art. 524 et suiv. C. c., énuméré les objets qui sont immeubles par desti-

223 — Les raisons concernant la forme nous paraissent plus convaincantes, en ce qui touche seulement l'hypothèse suivante. « Les formalités « pour la vente judiciaire des meubles, dit cet « auteur (1), ne sont pas les mêmes que pour la « vente des immeubles. Suivra-t-on les formes « indiquées pour les ventes de meubles, la vente « des immeubles sera évidemment nulle ». Mais, pour la seconde hypothèse les motifs concernant la forme sont peu décisifs. « Suivra-t-on, continue « M. Chauveau, les formes indiquées pour les ventes « d'immeubles ? Mais ce n'est plus obéir à la pensée « du législateur qui a voulu une grande publicité, « une grande concurrence pour la vente des objets « mobiliers ». Admettant la nullité d'une vente judiciaire d'immeubles à laquelle on aurait procédé en suivant les formalités prescrites pour celles des meubles, il paraît éprouver quelque hésitation à affirmer également la nullité d'une vente de meubles pour laquelle on aurait employé les formalités prescrites pour celle des immeubles.

---

nation, et, dans les art. 527 et suiv., ceux qui sont meubles, le législateur prend soin , dans le § 2 de l'art. 535 et dans l'art. 536, de spécifier quels sont les objets mobiliers qui doivent être considérés comme compris, suivant les cas, dans une vente d'immeubles, pour laquelle une clause spéciale vise des objets mobiliers, et de leur conserver leur dénomination de meubles.

(1) Chauveau, t. 5, p. 1516.

Nous comprenons d'autant mieux cette hésitation que les motifs qu'il paraît admettre dans le sens de la nullité, ne sont rien moins qu'exacts. En effet, les moyens de publicité prescrits pour les deux natures de ventes sont les mêmes : insertions dans un journal et placards apposés dans des lieux déterminés. Aucune différence n'existe entre les deux espèces de ventes relativement à la publicité par insertions dans un journal. De plus, le rapprochement de l'art. 617 C. proc. civ. et de l'art. 699, auquel renvoient les art. 957 et 972 du même Code, démontre que la publicité au moyen des placards est moins étendue et moins grande pour la vente des meubles que pour celle des immeubles, puisque, outre les cinq lieux dans lesquels ils doivent être apposés en matière de ventes de meubles et qui sont les mêmes que pour celles d'immeubles, des placards sont encore ordonnés par la loi dans six autres lieux pour ces dernières ventes. La publicité faite conformément aux formalités requises pour les immeubles comprendrait donc largement toute celle exigée pour les ventes de meubles.

224 — Il est vrai que le lieu où la loi entend, tout d'abord, qu'il soit procédé à chacune de ces ventes, n'est pas le même. Mais c'est là une difficulté facile à surmonter, puisqu'il est permis de demander au tribunal l'autorisation de vendre les meubles dans un lieu autre que celui fixé par la loi.

225 — Une vente unique de l'immeuble avec le mobilier qui le garnit, paraît donc, en principe, pouvoir être valablement faite. Néanmoins, dans la plupart des cas et par une exigence toute spéciale de la loi, cette vente ne sera pas possible; elle le sera seulement au cas de renvoi devant un notaire et, en outre, à la condition que, dans la commune de la résidence de celui-ci, il n'y ait pas de commissaire-priseur.

En effet, d'une part, les greffiers, notaires et huissiers n'ont qualité pour procéder aux ventes mobilières que si, dans la commune où se fait la vente, il n'existe pas de commissaire-priseur (1); à celui-ci le monopole de ces ventes est réservé par la loi elle-même. Si donc, en cas de renvoi devant notaire, il y a un commissaire-priseur dans la commune où la vente unique doit être effectuée, celle-ci ne pourra pas se faire valablement, puisque

---

(1) Lois des 26 juillet 1790, 17 septembre 1793, 22 pluviose an VII ; décret du 14 juin 1813 ; loi du 28 avril 1816 ; ordonnance du 26 juin 1816 ; loi du 25 juin 1841 ; — Rouen 17 mai 1817 et Angers 28 janvier 1841 (D. A. V° *Commiss. priseur*, n° 20. — S. 41. 2. 163); Rouen 20 mars 1807 (D. A. V° *Vente publ. de meubles*, n° 28); Bordeaux 6 août 1835 (S. 36. 2. 60. — D. A. eod. v° n° 43-1°); Civ. cass. 8 décembre 1846 (D. P. 47. 1. 34); Grenoble 5 décembre 1839 (S. 40. 2. 223 — D. A. eod. V° n° 43-2°); Civ. cass. 5 janvier 1846 (D. P. 46. 1. 65 — S. 46. 1. 144).

le notaire n'a plus qualité pour procéder à une vente mobilière.

D'autre part, aucun texte de loi n'accorde aux juges le pouvoir d'effectuer des ventes de meubles; seuls, les greffiers, notaires, huissiers et commissaires-priseurs en sont investis. Il est vrai que, dans une vente unique ainsi retenue à la barre, le greffier et l'huissier audiencier prêteraient leur concours légal ; mais ce serait à titre de simples auxiliaires et, si bien ils seraient présents aux enchères et y coopéreraient en qualité de greffier et d'huissier audiencier, ils n'en demeureraient pas moins, en définitive, étrangers à la décision judiciaire, et ce serait le juge seul qui aurait fait la vente. Il ne serait pas possible de considérer comme effectuée par le greffier ou l'huissier la vente du mobilier garnissant l'immeuble, pas plus qu'on ne pourrait considérer comme faite par eux celle de l'immeuble. C'est la prononciation de l'adjudication par le juge qui opère la vente et rend adjudicataire le dernier enchérisseur , ainsi que cela ressort des termes répétés de l'art. 706 C. proc. civ., auquel se réfèrent les art. 743, 964 et 972 du même Code (1).

226 — Dans ces deux cas , il aurait été procédé

____

(1) Lyon 21 juillet 1838 (D. A. V° *Vente publ. d'im.*, n° 2095 — S. 39.2.43).

à la vente du mobilier par une personne n'ayant ni pouvoir, ni qualité, ni caractère pour cela et à qui la loi les refuse entièrement, puisqu'elle en a investi une autre, d'une manière exclusive. La vente serait infectée d'un vice de nature à la détruire dans sa substance ; elle serait nulle, alors même qu'aucune prescription légale n'en prononcerait la nullité (1).

227 — Quand bien même toutes les parties seraient présentes, d'accord et majeures et maîtresses de leurs droits, la situation ne se trouverait pas changée, l'art. 985 C. pr. civ., leur permettant de se passer des formalités judiciaires, mais ne les dispensant pas de l'obligation de faire procéder à la vente du mobilier par l'officier public spécialement compétent.

Il est des cas, cependant, où un notaire peut effectuer une vente publique de meubles corporels, alors même qu'il existe un commissaire - priseur. Notamment, en matière de vente d'un fonds de commerce ou d'une manufacture, les notaires, à l'exclusion des commissaires-priseurs, peuvent

---

(1) Cass. 1er février et 12 avril 1808 (S. 1808.1.211 et 244) ; Cass. 18 juin 1817 (S. 17.1.298) ; Agen 6 février 1810 (S. 14.2.193) ; Nancy 10 septembre 1814 (S. 16.2.52) ; Paris 19 mars 1825 (D. A. V° *Saisie-gagerie*, n° 38) ; Douai 21 juin 1849 (D. P. 50.2.138 — S. 50.2.391) ; — Chauveau t. 6, p. 1096 et 1098).

indépendamment de l'achalandage , procéder à l'adjudication même des objets mobiliers, marchandises, ustensiles ou matériel, considérés comme accessoires (1). Cette condition, qu'il s'agisse d'accessoires, est essentielle et, si elle faisait défaut, le notaire n'aurait plus qualité pour procéder à leur vente.

---

(1) Civ. rej. 15 février 1826 (D. A. V° *Vente publ. de meubles*, n° 35); Colmar 30 janvier 1827 (D. A. eod. v°, n° 34) ; Civ. rej. 23 mars 1836 (S. 36.1.161 — D. A. eod. v°, n° 33) ; Req. 27 mai 1878 (D. P. 79.1.79 — S. 78. 1.398).

§ 3

Nouvelle décision fixant un autre mode de vente

SOMMAIRE

228 — Cas le plus fréquent, celui d'une demande de baisse de mise à prix, où la question pourra se poser ; cause pouvant amener cette nouvelle décision.

229-230 — Sa régularité.

231 — Même si elle est prise, avant toute tentative d'enchère, sur la demande des parties.

228 — C'est surtout lorsqu'une demande de baisse de mise à prix lui sera soumise, qu'il pourra y avoir lieu pour le juge d'examiner s'il ne conviendrait pas, plutôt que d'abaisser la mise à prix, d'ordonner un mode de vente autre que celui primitivement fixé.

Des circonstances inconnues du tribunal au moment du jugement autorisant la vente et déterminant le mode de celle-ci, ou qui se sont produites depuis, lui sont révélées soit par les parties, soit par le dossier. Il résulte de leur examen que le défaut d'enchères sur la mise à prix a été occasionné par ces circonstances, dont le mauvais effet ne se produirait pas avec un autre mode de vente. Il serait évidemment, dans ce cas, plus avantageux pour les parties de voir procéder suivant un mode autre que celui primitivement fixé. Leur intérêt devant seul décider le juge dans le choix du mode de vente, le tribunal devrait alors, semble-t-il, changer celui qu'il avait tout d'abord ordonné.

229 — De quoi s'agit-il, en définitive, dans une demande de baisse de mise à prix, sinon d'une mesure ayant pour unique but d'assurer l'exécution du jugement qui a ordonné la vente et de parvenir à celle-ci? Il n'y aurait pas plus revision du premier jugement par la fixation d'un autre mode que par une baisse de mise à prix; dans les deux cas, la nouvelle décision se bornerait à ordonner une mesure nécessaire à l'exécution de la vente. La mise à prix primitive n'ayant pas été couverte, le jugement qui a décidé que les immeubles seront vendus, n'a pas pu, par ce fait, être exécuté; d'où nécessité de recourir à un moyen qui fasse disparaître cette impossibilité.

De ce que la loi en indique, pour ce moment là, spécialement un, la baisse de mise à prix, il ne s'en suit pas que d'autres moyens n'existent pas pour parvenir au but recherché de l'exécution du jugement. Sans doute, il ne doit être fait usage que de moyens légaux; mais celui qui consiste à ordonner un mode de vente autre que le mode primitivement fixé, est tout aussi légal que celui consistant dans l'abaissement de la mise à prix. Tous deux sont inscrits dans la loi et mis par elle entre les mains du juge, puisque celui-ci est également investi du droit de fixer le mode qui lui paraît le plus avantageux aux parties pour arriver à la vente et du droit d'abaisser la mise à prix. En outre, l'art. 963 C. pr. civ., auquel renvoie l'art. 973, § 5 du même Code, n'impose pas aux tribunaux, comme une obligation, l'abaissement de la mise à prix ; le mot « pourra », dont il se sert, indique qu'ils ont la faculté d'employer ou non ce moyen.

230 — Il est vrai que, dans l'hypothèse où nous nous sommes placé, les parties demandant une baisse de mise à prix, le jugement paraîtra avoir décidé sur un point non compris dans la demande qui était soumise au tribunal. Mais ce résultat est plus apparent que réel, et, en statuant ainsi, le juge n'aura pas statué ultra petita. Il est saisi, en effet, d'une difficulté qui arrête l'exécution du jugement ayant ordonné la vente ; il lui appartient de la faire disparaître, soit par la mesure que sollicitent les parties, soit par une autre qui lui paraît meilleure, de même qu'il pourrait, au cours d'une instance quelconque, ordonner, par exemple, une expertise, alors, cependant, que les parties solliciteraient une enquête. D'ailleurs, à un autre point de vue, le pouvoir discrétionnaire d'appréciation dont la loi l'a investi pour choisir le mode de vente, lui permettrait encore de statuer sur ce changement. Lors du premier jugement qui a ordonné la vente, il a pu, suivant la Cour suprême, sans

statuer ultra petita (1), et d'après la jurisprudence la plus suivie, fixer même le mode qui ne lui était pas demandé. Pourquoi, au moment de ce second jugement, aurait-il perdu l'exercice de cé même pouvoir, alors qu'il s'agit toujours de la vente, et que, de plus, celle-ci se trouve arrêtée par une difficulté ?

231 — Le tribunal pourrait être amené à statuer sur cette mesure de la substitution d'un autre mode de vente à celui primitivement fixé, même avant toute tentative d'enchères, à la condition qu'il en fût saisi par les parties. Il a été décidé que le juge peut être appelé à se prononcer sur le mode d'exécution d'une de ses décisions, sans que la partie qui l'a obtenue ait dû préalablement poursuivre cette exécution, et que, par le jugement qui statue sur cet incident, il a le droit de suppléer à des moyens d'exécution qu'il n'avait pas d'abord indiqués (2).

---

(1) Req. 4 avril 1843 (D. A. V° *Vente publ. d'im.*, n° 1404 — S. 43 . 1. 709).

(2) Req. 2 juillet 1839 (D. A. V^is *Jugement* n° 352 et *Eau* n° 563-10°— S. 39. 1. 845).

§ 4

Folle enchère et surenchère ; retenue et renvoi

---

232 — Avant la loi du 2 juin 1841, on admettait que la folle enchère n'étant que la continuation de la poursuite de vente sur laquelle la première adjudication avait eu lieu, la revente devait être effectuée devant la même autorité qui avait prononcé l'adjudication. Il en résultait, suivant que le jugement ordonnant la vente avait renvoyé celle-ci devant notaire ou l'avait retenue à la barre, que la revente était faite devant cet officier public ou devant un juge (1).

Le nouvel art. 964 § 3 C. pr. civ., auquel renvoient les art. 743 et 972, a tranché formellement cette question d'une manière absolument contraire à la solution donnée jusqu'alors par la jurispru-

---

(1) Paris 25 juillet 1823 et Bordeaux 25 juillet 1838 (D. A. V° *Vente publ. d'im.*, N°ˢ 2199 et 2191 — S. 39.2.213).

dence. Il dispose que, dans le cas de vente devant notaire, s'il y a lieu à folle enchère, la poursuite sera portée devant le tribunal. La question ne peut donc plus être soulevée aujourd'hui.

233 — Toutefois, depuis la loi du 2 juin 1841, il a été jugé qu'en matière de licitation et si, toutes les parties étant majeures, maîtresses de leurs droits et représentées, le cahier des charges stipule qu'en cas de folle enchère la revente sera portée devant un notaire désigné, cette stipulation est valable et doit recevoir son exécution (1). Cette solution est une application du droit inscrit dans les art. 827 § 2 C. c. et 985 C. pr. civ. en faveur des personnes majeures, maîtresses de leurs droits et représentées.

234 — Pour la surenchère, la question a été également soulevée de savoir si la revente peut être renvoyée devant notaire ou ne peut avoir lieu qu'à la barre. M. Chauveau (2), tout en reconnaissant, devant les termes du nouvel art. 709 C. pr. civ., qui dit « la surenchère sera faite au greffe du « tribunal » et auquel renvoient les art. 965 et 973 du même Code, 2187 C. c. et 573 C. com., que, depuis la loi du 2 juin 1841, la surenchère ne saurait, en aucun cas, être faite devant le notaire qui a procédé à l'adjudication, pense cependant

---

(1) Bordeaux 8 mai 1848 (D. P. 51.2.142).
(2) t. 5, p. 1483 et 1484.

que le tribunal pourrait ordonner la revente devant cet officier public. Rappelant les raisons données à l'appui de cette opinion par M. Carré et tirées de ce que, ayant été commis par le tribunal et le remplaçant pour l'adjudication primitive, le notaire doit être réputé avoir reçu commission à l'effet de le remplacer pour les suites de cette adjudication, il ajoute qu'il ne voit aucun inconvénient à cette façon de procéder.

235 — Mais la plupart des auteurs n'ont pas admis et la jurisprudence n'a pas consacré son opinion. Il a été jugé, notamment en matière de licitation et de vente de biens de failli , que , dans les ventes renvoyées devant notaire , s'il survient une surenchère, c'est devant le tribunal, et non pas devant le notaire commis, que l'adjudication doit être prononcée (1). Les conclusions données par le Ministère public devant la Cour de Douai et les motifs contenus dans les deux arrêts cités font connaître les inconvénients de procédure qui existeraient, si la revente avait lieu devant notaire, et démontrent, en outre, que le caractère de la vente par surenchère est tout différent de celui d'une vente volontaire par adjudication, et que les prescriptions de la loi rapprochées et combinées

---

(1) Douai 1er mars 1843 (D. A. Vo *Surenchère*, No 405 — S. 44.2.149), et Besançon 27 août 1844 (D. P. 45.2.26 — S. 44.2.638).

s'opposent à ce que la revente soit renvoyée devant notaire.

236 — Cependant, dans une licitation entre parties toutes majeures, maîtresses de leurs droits et représentées, la revente devant cet officier public devrait être ordonnée, si le cahier des charges avait stipulé ce renvoi devant un notaire désigné. A ce cas s'appliquerait le droit inscrit dans les art. 827 § 2 C. c. et 985 C. pr. civ., en faveur de ces personnes, de même qu'en matière de folle enchère. Ces articles contiennent une exception formelle et leur permettent de s'abstenir des voies judiciaires, de les abandonner en tout état de cause et de procéder de telle manière qu'elles aviseront.

§ 5

Conversion de saisie immobilière
en vente sur publications volontaires

237 — Ainsi que nous le disions au début et que, du reste, son titre l'indique, notre travail n'a pas pour objet de traiter des ventes judiciaires d'immeubles et se borne à l'étude pratique du renvoi de ces ventes devant notaire et de leur retenue à la barre. Aussi n'avons-nous pas parlé des conditions nécessaires pour que le juge accorde l'autorisation de vendre des biens de mineurs, d'interdits, de faillis, dotaux, etc. Mais les limites que nous nous sommes tracées sur ce point nous paraissent devoir être, exceptionnellement et en partie, franchies en ce qui concerne les demandes de conversion de

saisie immobilière en vente sur publications volontaires. La raison en est que, pour cette espèce de vente, la question du renvoi devant notaire ou de retenue à la barre se trouve intimément liée à celle de l'admission ou du rejet de la demande elle-même, l'existence ou le défaut d'avantages procurés par la conversion, c'est-à-dire par le renvoi ou par la retenue de la vente, ayant une influence directe sur la solution à donner à la requête.

238 — Un arrêt de la Cour d'Orléans avait, avant la loi du 2 juin 1841, décidé que, si toutes les parties étaient d'accord, il n'était pas au pouvoir du juge de rejeter la demande de conversion de saisie en vente volontaire (1). Mais cette Cour n'avait pas tardé à revenir sur cette opinion et à juger, au contraire, que les tribunaux ont le droit d'admettre ou de rejeter les demandes en conversion, sans être liés à cet égard par l'accord ou la convention des parties. (2).

Depuis la loi de 1841, la question ne saurait plus être soulevée sérieusement, en présence du texte même du nouvel art. 746 C. pr. civ.. Déjà avant ce nouvel article, on pouvait, avec raison, dire que l'obligation imposée par la loi aux parties de soumettre leur demande en conversion aux juges em-

---

(1) Orléans 29 novembre 1826 (D. A. V° *Vente publ. d'im.*, n° 1400).

(2) Orléans 3 mars 1838 (D. A. eod. v°, n° 1399).

portait pour ceux-ci un droit et un devoir d'examen et, par suite, la faculté de rejeter ou d'admettre la requête. Plus explicite que l'art. 747
ancien, le nouvel art. 746 porte que « si la demande
« est admise, le tribunal fixera le jour... ». En
s'exprimant ainsi, le législateur a marqué son intention formelle de ne pas astreindre les juges à déférer
à la volonté des parties. Ce pouvoir discrétionnaire
d'appréciation des tribunaux pour accueillir ou rejeter les demandes de conversion, universellement
admis par la doctrine (1), a été consacré par la
Cour suprême, en même temps et dans le même
arrêt que celui sur le renvoi et la retenue de la
vente (2).

239 — De même que lorsqu'il s'agit de décider
si la vente aura lieu devant notaire ou à la barre,
c'est encore de l'intérêt des parties que le juge doit
s'inspirer pour apprécier s'il convient d'accueillir
ou de repousser la demande de conversion ; il
recherchera uniquement s'il y a ou non avantage pour elles à ce que la saisie soit convertie
en vente sur publications volontaires. Des circonstances particulières pourront, suivant les procédu-

---

(1) Rodière t. 3, p. 206 ; Colmet d'Aage, t. 2, p. 400 ;
Bioche V° *Saisie im.*, n° 793; D. A. V° *Vente publ. d'im.*,
n° 1399 ; Chauveau, t. 5, p. 1321.
(2) Req. 4 avril 1843 (D. A. V° *Vente publ. d'im.*,
n° 1404 — S. 43. 1. 709).

res soumises au tribunal, faire ressortir un avantage
plus ou moins caractérisé pour les parties à la
conversion . Il serait bien difficile de démêler
d'avance ces circonstances spéciales, et l'on est
obligé, pour examiner, ainsi que nous avons à le
faire ici rapidement, les avantages et les inconvénients d'une conversion, de se placer surtout à un
point de vue général.

240 — Par cela seul qu'elle est une voie d'exécution, la saisie immobilière nuit à la considération
du débiteur. La conversion de cette procédure en
vente sur publications volontaires offre à celui-ci
le moyen de satisfaire aux réclamations de ses
créanciers, tout en effaçant le caractère blessant de
la poursuite. Il cesse d'être exproprié et concourt
lui-même à la vente ; ce n'est plus sa dépossession
forcée qui s'opère, c'est une liquidation à laquelle
il prend part. D'où un intérêt moral pour le
débiteur. Toutefois, il faut bien constater qu'aujourd'hui l'atteinte portée par une expropriation
forcée à la considération du saisi est moins profonde qu'en 1841. Est-ce un bien ; est-ce un mal ;
quelles en sont les causes et les conséquences ? Il
serait hors des limites de notre sujet de le rechercher ; bornons-nous à faire une constatation, qui
ne paraît pas pouvoir être sérieusement contestée.

Un intérêt pécuniaire résulte aussi pour lui de la
conversion. Il prend part au lotissement et à la
fixation de la mise à prix des immeubles, commu-

nique ses titres de propriété et fournit ses renseignements personnels, toutes choses de nature à
contribuer à élever le prix de la vente. Cependant,
une conversion n'est pas le seul moyen pour lui
d'apporter ainsi, sur ces divers points, un concours
utile. L'art. 694 C. pr. civ. lui permet, s'il est
sérieusement soucieux de ses intérêts, même au
cas où la procédure de saisie suit sa marche, d'intervenir tant pour demander des modifications au
lotissement, que pour fournir l'origine de propriété
des biens et donner tous renseignements propres à
consolider la vente.

241 — Cette participation du débiteur qui, en
cas de conversion, permet de mieux établir l'origine
de propriété et de fixer des mises à prix et un lotissement plus satisfaisants, est également avantageuse
pour les créanciers. Mais à côté de cet avantage,
la conversion n'est-elle pas de nature à créer des
inconvénients sérieux et nombreux ?

242 — A la différence d'une adjudication sur
expropriation forcée, celle sur conversion rend
nécessaire la purge des hypothèques tant inscrites que dispensées d'inscription (1). Ces formalités entraînent des frais considérables ; elles
retardent, de plus, le règlement entre les créanciers,

______

(1) Caen 9 février 1850 (D. P. 52.2.250); Paris 14 avril
1851 (D. P. 52.2.250); Dijon 24 mars 1847 (S. 47.2.410
— D. P. 54.2.60) et Amiens 17 mai 1851 (D. P. 54.2.83.
— S. 51.2.344).

l'ordre pour la distribution du prix ne pouvant, aux termes de l'art. 772 C. pr. civ., être ouvert qu'après leur accomplissement.

D'autre part, le saisi pourra, par suite de la conversion, toucher lui-même les intérêts du prix de l'adjudication depuis la date de celle-ci jusqu'à la notification de la purge des hypothèques inscrites. Il aura donc la faculté ou de quittancer ces intérêts, ou de les céder au détriment de ses créanciers, qui pourront ne pas songer à les faire saisir-arrêter, ou reculer devant les frais de cette procédure, ou hésiter à introduire une instance en nullité de cession.

Enfin les créanciers, pour remédier aux conséquences d'une mévente, n'auront plus que le moyen de la surenchère, devant l'emploi duquel on hésite ; tandis que la procédure de saisie immobilière à l'avantage, par les sommations qui leur sont adressées, de mettre directement en éveil tous les créanciers et de leur permettre de surveiller et de pousser les enchères.

243 — La conversion d'une saisie immobilière en vente sur publications volontaires paraît donc, en principe, offrir, à un point de vue général, plus d'inconvénients que d'avantages. Ce sera seulement à raison de circonstances spéciales à chaque procédure qui lui sera soumise et desquelles résultera un avantage bien caractérisé, que le juge, saisi d'une demande en conversion, pourra l'accueillir.

Délégation à un juge ou à un notaire

244 — Enumération des cas spéciaux concernant plus particulièrement le choix du juge ou du notaire commis.

244 — En renvoyant la vente devant notaire ou en la retenant à la barre, le tribunal peut se trouver obligé de trancher divers points, offrant quelque difficulté. Il sera amené à examiner notamment : les conditions de la désignation d'un juge ou d'un notaire et de la délégation à un autre tribunal, la manière de remédier à l'omission du nom de ce juge ou de ce notaire dans le jugement qui a ordonné la vente, l'opportunité de commettre deux notaires pour recevoir collectivement les enchères, ainsi que les obstacles qui peuvent s'opposer à la désignation de tel juge ou de tel notaire.

Désignation d'un juge ou d'un notaire; délégation à un autre tribunal

SOMMAIRE

245 — Le tribunal, en fixant le mode de vente, peut la renvoyer soit devant un juge de son siège ou d'un autre tribunal, soit devant un notaire de son arrondissement ou d'un autre arrondissement. En matière de vente sur conversion, ce droit lui est accordé par l'art. 746 C. pr. civ.; pour les autres ventes judiciaires volontaires, il résulte de l'art. 954 du même Code, qui est relatif aux ventes de biens de mineurs et à celles qui doivent être faites dans les mêmes formes et auquel renvoie l'art. 970 pour les licitations.

L'art. 746 disant en termes formels : « et ren-
« verra soit devant un notaire, soit devant un juge
« du siège ou de tout autre tribunal », aucune
difficulté ne saurait s'élever en ce qui concerne le
juge. Mais le tribunal a-t-il la même faculté pour
renvoyer devant un notaire d'un autre arrondissement ? « Il est vrai, dit M. Dalloz à ce sujet (1),
« qu'au premier abord la rédaction de l'art. 746
« semble la lui refuser, car, tout en exprimant
« formellement que le tribunal aura ce droit rela-
« tivement au juge, elle garde le silence quant au
« notaire. Mais il est à remarquer que l'art. 746
« ne dit pas *un notaire du ressort*, comme il dit
« *un juge du siège*. Il se sert de cette expression
« générale un notaire, de sorte que les juges ne
« sont nullement limités dans le choix du notaire ».
C'est également l'avis de M. Chauveau (2). L'art.
954 est plus explicite encore : « ...le tribunal
« pourra commettre un notaire dans chacun de
« ces arrondissements et même donner commission
« rogatoire à chacun des tribunaux de la situation
« de ces biens ». Aucun doute ne peut s'élever ni
pour le notaire, ni pour le juge.

246 — Entre la vente sur conversion et les autres
ventes judiciaires volontaires, une différence im-

---

(1) D. A. V° *Vente publ. d'im.*, n° 1405.
(2) t. 5, p. 1322.

portante paraît avoir été faite par la loi relativement à cette délégation d'un juge ou d'un notaire. On doit se demander si, pour les ventes sur conversion, le droit de déléguer un magistrat ou un officier public dans un autre arrondissement n'existe pas, alors même que les immeubles à vendre ne sont point situés, en tout ou en partie, dans un arrondissement autre que celui du tribunal qui ordonne la vente, et si, au contraire, pour les autres ventes, ce droit n'est pas accordé seulement lorsque, parmi les biens à vendre, quelques-uns sont situés dans l'arrondissement du tribunal ou du notaire auquel une délégation est à donner.

Cette différence ne résulterait-elle pas des termes mêmes dont le législateur s'est servi dans les art. 746 et 954? Dans le premier de ces articles, le pouvoir de déléguer est attribué d'une façon générale et sans aucune restriction : « si la demande « est admise, le tribunal fixera le jour de la vente « et renverra pour procéder à l'adjudication, soit « devant un notaire, soit devant un juge du siège « ou devant un juge de tout autre tribunal ». Dans le second, il est formellement spécifié, au contraire, que « *si les immeubles sont situés dans plusieurs* « *arrondissements*, le tribunal pourra commettre « un notaire dans chacun de ces arrondissements « et même donner commission rogatoire à chacun « des tribunaux de la situation de ces biens ». Ce qui vient encore à l'appui de cette opinion, c'est que le rapporteur de la loi du 2 juin 1841 a insisté avec soin sur la situation des immeubles dans divers arrondissements, pour la délégation en matière de vente de biens de mineurs, alors qu'il a passé complètement sous silence cette circonstance de la situation des immeubles pour la vente sur conversion (1).

247 — Des termes employés par le législateur dans ces art. 746 et 954 et du rapport qui a précédé cette même loi, il paraîtrait également résulter une seconde différence entre le cas de vente sur conversion et celui des autres ventes judiciaires volontaires. Cette différence concerne la délégation à donner à un autre tribunal par celui qui ordonne la vente.

248 — L'art. 1035 C. pr. civ. contient un pouvoir applicable aux matières qu'il prévoit et conféré aux juges pour commettre un tribunal voisin, un juge ou un juge de paix, et même pour autoriser un tribunal à nommer soit un de ses membres, soit un juge de paix, à l'effet de procéder aux opérations ordonnées. Le droit de délégation ainsi accordé est restreint par cet article lui-même, sous le double rapport des personnes pouvant être déléguées et limitativement énumérées, et des opérations à faire en vertu d'un jugement, le tout à la

---

(1) D. A. V° *Vente publ. d'im.*, p. 579, n°s 145, 146 et 152.

condition que les parties ou les lieux contentieux soient trop éloignés. La commission rogatoire donnée en vertu de cet article ne peut l'être que pour une ou plusieurs opérations isolées et non pour connaître du fond de l'affaire, ni pour trancher un point accessoire qui toucherait au fond ; elle ne peut être donnée, non plus, qu'à l'une des personnes désignées par ce texte de loi.

En se bornant dans l'art. 746 à dire que le tribunal renverra, pour procéder à l'adjudication, soit devant un notaire, soit devant un juge du siège ou de tout autre tribunal, le législateur n'a étendu, semble-t-il, les limites de la commission rogatoire ordinaire, que pour ajouter à l'énumération contenue dans l'art. 1035, la personne du notaire. Il n'a fait que répéter, en ce qui concerne le juge, le droit de délégation déjà exprimé d'une façon générale dans cet art. 1035 ; il a, en outre, en ce qui concerne le notaire, investi le tribunal d'un droit de délégation dont ne parlait pas cet article. D'où résulteraient deux conséquences. Tout d'abord, la faculté de désigner un notaire appartiendrait seulement au tribunal qui ordonne la vente, et celui-ci ne pourrait pas commettre un autre tribunal pour faire choix de cet officier public. En outre et à plus forte raison, le jugement ordonnant la vente sur conversion devrait, en même temps, fixer le mode de celle-ci, et les juges ne pourraient pas, en donnant commission rogatoire à un autre tribunal, le déléguer pour décider, d'abord , lui-même si la vente est retenue à sa barre ou renvoyée devant un notaire de son arrondissement, et, suivant son appréciation, désigner ensuite un magistrat ou un officier public (1). En dehors des termes de l'art. 746, rien n'est de nature dans les travaux préparatoires de la loi de 1841 à indiquer que le législateur, sur aucun de ces deux points, ait voulu que l'étendue de la délégation à un autre tribunal fût plus grande que celle déjà fixée par l'art. 1035.

249 — On peut se demander si , sur le premier de ces deux points , il n'en est pas différemment pour les ventes judiciaires volontaires autres que celles sur conversion. L'art. 954 C. pr. civ. n'a-t-il pas élargi les limites du droit de délégation ordinaire ? Il semble que le législateur ne s'est pas borné à donner la même faculté que pour les ventes sur conversion puisque, outre l'autorisation de renvoyer « pour procéder à l'adjudication , « soit devant un notaire , soit devant un juge du « siège ou devant un juge de tout autre tribunal » , il accorde encore le pouvoir même « de donner « commission rogatoire à chacun des tribunaux « de la situation de ces biens ».

N'y aurait-il pas là une dérogation à la restriction mise par l'art. 1035 , dérogation qui serait encore

---

(1) Orléans, 7 juin 1837 (S. 37.2.310).

accentuée par les paroles du rapporteur de la loi du 2 juin 1841, lorsqu'il s'exprimait ainsi à propos de l'art. 954 : « Le projet permet, pour mieux « satisfaire à cet intérêt et suivant la situation des « biens, de désigner un notaire pour chaque « arrondissement où il en existera ; il sera possi- « ble aussi de donner commission rogatoire à un « tribunal, qui fera pour les biens de son arron- « dissement le choix soit d'un notaire soit d'un « juge commis à la vente » (1). Lorsqu'il s'agit de désigner un notaire, le législateur dans l'art. 746 se borne à accorder ce droit au tribunal qui ordonne la vente ; dans l'art. 954, il ajoute que ce tribunal pourra donner commission rogatoire, et le rapporteur explique en quoi elle consistera. Ne devrait-on pas en conclure qu'en matière de ventes judiciaires volontaires autres que celles sur con-version, le tribunal qui ordonne la vente, pourra commettre un autre tribunal pour désigner non seulement un juge, mais même un notaire si besoin est ?

Moins encore pour cette différence que pour la première, nous n'osons en affirmer fermement l'exactitude, car on ne saisirait pas les motifs qui auraient pu amener le législateur à faire cette double distinction entre des cas qui paraissent iden-

---

(1) D. A, V° *Vente publ. d'im.*, p. 579, n° 152.

tiques. Il serait téméraire de notre part de ne pas
nous borner à émettre simplement un doute sur
l'existence de ces deux différences, pour lesquelles ,
sans se les expliquer ni en pénétrer le secret, quelques auteurs paraissent s'être posé à eux-mêmes la
question (1). Ce ne serait pas, du reste, une
anomalie isolée dans nos Codes, qui en renferment
plusieurs, parmi lesquelles nous nous permettons
d'en rappeler une, bien étrange, concernant les
témoins d'un testament mystique. « L'art. 974
« (C. c.) se contente de la signature de la moitié
« des témoins quand le testament par acte public
« est reçu à la campagne. En est-il de même du
« testament mystique ? La négative est certaine ;
« elle est consacrée par la jurisprudence et admise
« par tous les auteurs , sauf le dissentiment de
« Maleville. Il résulte de l'art. 976 combiné avec
« l'art. 977 que tous les témoins doivent signer ;
« la loi ne fait aucune exception pour les campa-
« gnes, et celle que l'art. 974 établit pour le testa-
« ment par acte public, ne saurait être étendue au
« testament mystique, car les exceptions ne s'éten-
« dent jamais. Troplong s'est ingénié à trouver
« des raisons qui justifient cette différence. Pour-
« quoi ne pas avouer avec Duranton que c'est une

---

(1) D. A. V° *Vente publ. d'im.*, n°ˢ 1403 et 1991; Colmet
d'Aage, t. 2, p. 401 ; Bioche V° *Saisie im.*, n° 794 ; Chauveau, t. 5, p. 1324 et 1448.

« anomalie. Il est difficile, parfois impossible, de
« trouver quatre témoins à la campagne qui sa-
« chent signer, et la loi veut qu'on en trouve six!
« C'est rendre le testament mystique impossible.
« Ce qu'il y a de singulier, c'est que le Conseil
« d'Etat commença par décider, en principe, que
« l'exception pour les campagnes serait générale,
« ce qui explique l'opinion isolée de Maleville. Le
« Conseil revint ensuite sur sa décision, on ne
« sait quand, ni pourquoi (1) ».

---

(1) Laurent, t. 13, p. 459, n° 400.

Omission du nom du juge ou du notaire
dans le jugement

250 — Par suite d'une circonstance quelconque, le jugement fixant le mode de vente a omis de mentionner le nom du juge ou celui du notaire commis pour y procéder. A raison de ce fait, les parties se trouvent dans l'impossibilité de profiter du jugement et dans la nécessité de faire remédier à l'omission commise.

Un premier moyen s'offrirait, tout d'abord, semble-t-il, à elles : l'appel. Mais, outre qu'il serait de nature à entraîner des frais et à occasionner des lenteurs, nous ne croyons pas qu'il y ait lieu d'y recourir. Il ne s'agit pas d'une réformation du jugement à obtenir, puisque les parties cherchent, au contraire, à l'exécuter.

251 — C'est une simple mesure destinée à permettre l'exécution du jugement, qu'il est nécessaire de demander; le tribunal, qui l'a rendu, est compétent pour cela, et c'est à lui que les parties devront s'adresser. Elles le peuvent, avant même d'avoir poursuivi cette exécution (1). Suivant qu'il s'agira d'une décision rendue sur requête ou sur exploit, ce sera par requête ou par conclusions incidentes que le tribunal sera saisi de cette demande d'une mesure destinée à permettre l'exécution du jugement.

Il en a été décidé ainsi par un arrêt de la Cour de Paris, intervenu dans une procédure sur requête, qui avait abouti à un jugement ayant omis de mentionner le nom du juge (2).

252 — Nous croyons que, tout au moins, en matière de licitation, il suffirait même d'une simple requête présentée au président du tribunal et répondue par lui d'une ordonnance, conformément au § 2 de l'art. 969 C. pr. civ.. L'assimilation entre le cas où il y a empêchement du juge ou du notaire commis et celui où le jugement, tout en commettant un magistrat ou un officier public, a

---

(1) Req. 2 juillet 1839 (D. A. V^{is} *Jugement* n° 352 et *Eau* n° 563 - 10° — S. 39.1.845).

(2) Paris 23 juin 1855 (Bertin, t. 2, p. 609).

omis de mentionner son nom, paraît pouvoir être faite, de même que pour le cas où un jugement par défaut a omis de mentionner le nom de l'huissier chargé de la signification, qui peut alors être commis par ordonnance du président (1).

253 — M. Chauveau est même d'avis que, dans toutes les ventes judiciaires, le notaire commis pour y procéder peut être, en cas d'empêchement, remplacé par simple ordonnance sur requête (2). Il en résulterait, si l'on admettait l'assimilation entre le cas d'omission du nom du notaire dans le jugement qui a ordonné la vente et celui d'empêchement de cet officier public, que cette omission pourrait être réparée par simple ordonnance du président dans toutes les ventes judiciaires. Nous n'osons pas aller jusque là, l'art. 969 étant au titre des licitations et rien n'indiquant que la faculté accordée par son § 2 doit être étendue aux autres espèces de vente.

254 — Cette distinction faite par le législateur suivant qu'il s'agit d'une procédure en licitation, c'est-à-dire sur ajournement, ou d'une procédure de vente sur requête, se comprend aisément. Dans la première, un jugement avec avenir et conclusions à l'audience eût été nécessaire ; pour dimi-

---

(1) Req. 31 mai 1858 (D.P.58.1.407-408 — S.58.1.821).

(2) t. 5, p. 1520.

nuer les frais et la perte de temps, une dérogation aux formalités ordinaires a été alors apportée par le § 2 de l'art. 969. Dans la seconde, la rapidité et les frais d'un jugement sur requête ou d'une ordonnance sont, à peu de chose près, les mêmes ; il a paru inutile au législateur d'apporter aucune dérogation aux règles tracées pour les ventes autres que les licitations.

§ 3

Deux notaires ; mission collective

SOMMAIRE

255 — Lorsqu'il y a renvoi devant notaire, un seul officier public, en principe, doit être commis pour procéder à la vente. Cependant, des circonstances exceptionnelles peuvent amener le tribunal à commettre deux notaires pour agir ensemble. Il en sera ainsi, par exemple, lorsque l'avantage du renvoi devant notaire étant reconnu par le juge et les parties étant divisées sur le choix de l'officier public, le tribunal estimera que, pour concilier les droits et les intérêts respectifs des parties en cause, il convient de désigner les deux notaires indiqués par elles. De même encore dans le cas inverse, celui où les parties demanderaient deux notaires sur le choix desquels elles seraient d'accord. De même enfin dans d'autres cas divers, que les circonstances spéciales à chaque procédure pourront

faire surgir et dans lesquels la sauvegarde des intérêts respectifs réclamera cette mesure particulière de la désignation de deux notaires, pour procéder ensemble à la vente.

256 — Ce droit de commettre deux notaires, avec une mission collective, résulte de la loi du 25 ventôse an XI, dont l'art. 9 porte : « Les actes « seront reçus par deux notaires... ». Dans les actes notariés , il suffit , en général , suivant les art. 1 et 3 de la loi du 21 juin 1843, que le second notaire appose, après coup, sa signature à l'acte, qui a pu être passé valablement hors de sa présence. Pour quelques-uns, cependant, limitativement énumérés par l'art. 2 de la même loi, sans modifier, néanmoins, les prescriptions spéciales du C. c. et du C. pr. c. pour certains actes, l'assistance effective du second notaire à la réception de l'acte est indispensable. Dans les deux cas, ce second notaire a le rôle d'un simple auxiliaire, consistant au maximum à assister à la lecture et à la signature de l'acte. Mais cette facilité accordée par la loi de 1843, en présence des nécessités de la pratique des affaires notariales, ne pouvait pas et n'a pas pu avoir pour effet de bouleverser le système de l'an XI, ainsi que cela résulte des travaux préparatoires (1). Reste donc entière la disposition de

---

(1) D. A. V° *Oblig.*, p. 58 à 62.

l'art. 9 de la loi du 25 ventôse, qui permet aux deux notaires recevant l'acte de ne pas avoir, l'un, le rôle principal, et l'autre, celui de simple auxiliaire, et qui leur donne le droit, au contraire, si les circonstances, un mandat spécial des parties, par exemple, l'exigent, de remplir tous deux un rôle identique, en concourant effectivement à l'acte, en le recevant conjointement. L'acte est alors reçu par les deux notaires instrumentant collectivement; il est leur œuvre commune.

257 — Les tribunaux ne peuvent, cependant, user de ce droit de déléguer deux notaires, qu'en se renfermant dans les limites tracées par la loi de l'an XI elle-même. Deux officiers publics ne devront être commis que s'ils sont dans des conditions de résidence leur permettant, à tous deux, d'instrumenter dans le lieu où s'effectuera la vente. Les deux notaires ne peuvent plus alors agir l'un sans l'autre, et aucun d'eux n'a qualité pour opérer seul et sans le concours de son codélégué, même avec l'assistance de témoins (1).

258 — Tout en concourant ainsi collectivement à la vente, ces deux officiers publics dresseront l'acte en une seule minute ou en deux, suivant que le jugement aura disposé qu'ils sont commis pour procéder en double minute ou n'aura rien spécifié.

---

(1) Douai, 10 août 1850 (D. P. 55. 2. 185).

Les usages et les règlements des compagnies de notaires prévoient les difficultés de détail, que l'exécution d'une mission collective de cette nature peut faire naître dans la pratique.

259 — Le surcroît de frais se compose seulement d'une indemnité de transport à celui des deux notaires qui se rend auprès de l'autre. Au cas d'une double minute, il y a à ajouter le coût du timbre de la seconde. Les deux officiers publics se partagent les honoraires auxquels aurait eu droit un notaire unique (1).

---

(1) Civ. cass. 7 janvier 1879 (D. P. 79. 1. 97 — S. 79. 1. 241).

§ 4

Obstacles à la désignation du juge
ou du notaire

260 — Au moment où le tribunal, en fixant le mode de vente, va en même temps commettre le juge ou le notaire pour y procéder, il est utile de rechercher et de s'assurer si aucun obstacle ne s'oppose à sa désignation. Sans doute, cet examen n'est pas toujours indispensable, puisque les parties, si le magistrat ou l'officier public commis se trouve dans des conditions mettant légalement obstacle à ce qu'il remplisse la mission qui lui a été confiée, ont le droit, en se conformant aux délais et formalités de la loi, de faire les diligences nécessaires dans le but d'obtenir la désignation d'un

autre juge ou d'un autre notaire. Cependant, cet examen préalable ne devra pas être négligé, car il aura précisément pour effet d'éviter aux parties les frais et les lenteurs que, dans le cas contraire, pourrait leur occasionner l'obligation de faire remédier à une désignation irrégulière ; dans certains cas, il est même indispensable.

261 — Les obstacles légaux de nature à s'opposer à la désignation du juge, sont ceux résultant des causes de récusation prévues à l'art. 378 C. pr. civ.. Cet article est applicable au magistrat commis pour procéder à une vente judiciaire, puisque l'art. 383 du même Code fait connaître le délai spécial dans lequel la récusation, pour les causes de l'art. 378, doit être proposée contre « les juges commis aux descentes, enquêtes et « autres opérations ».

La loi du 30 août 1883 met, en outre, obstacle à ce que délégation, pour procéder à une vente, soit donnée à un magistrat qui se trouverait dans l'une des conditions indiquées dans son art. 10. Pour ce cas spécialement, les tribunaux ont l'obligation stricte de se livrer à cet examen avant de commettre le juge.

262 — Quels sont les obstacles légaux s'opposant à la désignation d'un notaire ? Ce seront, tout d'abord, ceux énumérés dans l'art. 8 de la loi du 25 ventôse an XI et, en outre, dans le cas où il y aurait lieu de commettre deux notaires pour ins-

trumenter ensemble, ceux indiqués dans l'art. 10, §.1 de la même loi. Sur ces deux points, l'examen est indispensable au moment du jugement qui commet le ou les notaires.

263 — La question est moins claire en ce qui concerne les causes de récusation que la loi a entendu appliquer à un notaire commis pour procéder à une vente judiciaire d'immeubles. Un arrêt de la Cour de Riom paraît admettre que ces causes sont les mêmes que contre les experts (1) ; mais il ne donne aucun motif à l'appui de cette assimilation et se borne à affirmer l'analogie. Nous croyons plutôt que les motifs de récusation applicables au notaire sont ceux de l'article 378 C. pr. civ..

De même que le juge, le notaire agit en vertu de la délégation que lui a donnée le tribunal ; il représente celui-ci, qui l'a commis, et l'acte qu'il accomplit est censé fait devant le tribunal et en justice. La mission de l'officier public est absolument la même que celle du magistrat, et leur caractère, à l'une et à l'autre, est identique ; les causes de récusation ne sauraient être différentes. Il a été décidé que, lorsqu'il s'agit d'une délégation de pouvoirs donnée par une Cour d'appel à un juge de paix, les causes de récusation opposables au déléguant le sont au délégué et que, par

_____

(1) Riom 13 juin 1846 (D. P. 47. 2. 102).

suite, ce n'est pas dans le texte restrictif de l'art. 44 C. pr. civ., énonçant les causes de récusation relatives aux juges de paix dans les attributions qui leur sont propres, mais dans les prévisions plus larges de l'art. 378 du même Code, que doivent se puiser les motifs de la récusation (1).

D'un autre côté, la raison pour laquelle le législateur a étendu les causes de récusation de juge au delà des cas où l'art. 283 C. pr. civ. autorise à reprocher les témoins et, par suite, à récuser les experts conformément à l'art. 310 du même Code, existe avec la même force vis-à-vis des notaires commis pour procéder à une vente judiciaire d'immeubles. On admet généralement que cette raison est qu'il y a plus de facilité pour remplacer des juges que pour suppléer des témoins, dont le nombre peut être extrêmement restreint, et des experts, dont la mission n'est pas obligatoire. De même que celui du juge, le ministère du notaire est forcé, et cet officier public, ainsi que l'art. 3 de la loi du 25 ventôse an XI lui en fait une obligation, est tenu de le prêter lorsqu'il en est requis.

264 — Les motifs de récusation de l'art. 378 sont limitatifs, et un juge ne pourrait pas être récusé pour des causes non spécifiées dans cet

---

(1) Douai 16 décembre 1850 (D. P. 55. 2. 201 — S. 51. 2. 197).

article ; c'est ce qui résulte de la jurisprudence de la Cour de cassation (1). Mais, en dehors des causes ainsi énumérées par la loi et permettant aux parties, au moyen d'une récusation, d'écarter le juge, l'art. 380 du même Code, interprété par la jurisprudence (2), contient pour le magistrat la faculté de s'abstenir volontairement, sous certaines conditions, même dans des cas où la récusation ne pourrait pas l'atteindre. C'est par surcroît de garantie en faveur des parties que la loi, précisément pour les hypothèses où il n'y a pas contre le juge de cause légale de récusation, a accordé cette faculté de l'abstention volontaire. Parmi ces causes extra-légales de nature à constituer un obstacle pour la désignation du juge ou du notaire, on pourrait placer notamment celle résultant de ce qu'ils ont, même sans être parents, fait partie du conseil de famille des mineurs dont les biens sont en vente, et pris part à la délibération dans laquelle la vente a été décidée et un mode demandé autre que celui ordonné par le jugement.

---

(1) Civ. cass. 12 juin 1809 (D. A. V° *Récus.* n° 36) et Req. 6 août 1860 (D. P. 61. 1. 76 — S. 60. 1. 951).

(2) Req. 2 juin 1832 (D. A. V° *Récus.* n° 169 — S. 32. 1. 433); Crim. réj. 17 août 1839 et Req. 6 août 1844 (D. A. V° *Récus.* n°s 170, 172 et 175 — S. 39. 1. 977 et 44. 1. 77); Paris 8 janvier 1850 (D. P. 50. 2. 31. — S. 50. 2. 44); Bastia 13 mai 1872 (S. 72. 2. 272— D. P. 73. 2. 210) et Civ. cass. 9 décembre 1889 (D. P. 90. 1. 65).

CHAPITRE V

Pouvoirs du juge et du notaire commis

265 — Le jugement qui ordonne la vente et en fixe le mode, une fois rendu, la mission du tribunal dans le renvoi devant notaire ou la retenue à la barre, est terminée. A partir de ce moment va commencer celle du magistrat ou de l'officier public commis ; elle offre certaines difficultés, dont l'étude n'est pas inutile.

Après avoir examiné le caractère général de cette mission du juge et du notaire délégués pour procéder à une vente judiciaire d'immeubles, il sera intéressant de rechercher ce qu'ils ont à faire en présence des incidents qui peuvent se produire, soit avant, soit après l'ouverture des enchères, et d'entrer dans le détail des difficultés que peut faire surgir chacune de ces deux phases de la procédure. Notre intention, à ce sujet, est de nous borner à passer en revue les principaux incidents et les principales difficultés.

Section I

Caractère général de la mission du juge et du notaire délégués

266 — Il convient d'être bien fixé, tout d'abord, sur le caractère général de la mission du juge et du notaire délégués à une vente judiciaire d'immeubles, car, suivant celui qui leur sera reconnu, ce caractère entraînera pour eux des pouvoirs fort différents. Si l'on admet que le tribunal est complètement représenté par le magistrat ou l'officier public commis pour procéder à la vente, les pouvoirs délégués seront très-étendus ; ils seront, au contraire, restreints, si l'on considère le juge et le notaire comme ayant reçu seulement une délégation spéciale. Examinons donc l'étendue et la durée de cette mission.

§ I

Etendue de cette mission

267 — Aucun texte de loi ne précise l'étendue des pouvoirs du juge et du notaire délégués. Cependant, on ne peut méconnaître que certains articles indiquent manifestement que l'intention du législateur a été de ne pas considérer les délégués comme représentant complètement le tribunal déléguant et qu'il a entendu, au contraire, leur conférer seulement des pouvoirs restreints. Ainsi les art. 963, § 1, et 973, §§ 2 et 5 C. pr. civ. réservent au tribunal seul le droit de trancher les difficultés élevées sur le cahier des charges, de déterminer une autre mise à prix et de fixer la date de la nouvelle adjudication.

Les travaux préparatoires de la loi du 2 juin 1841 viennent à l'appui de l'opinion suivant laquelle les pouvoirs du juge et du notaire délégués ne se rapportent qu'à une mission spéciale et limitée. « Dans le sein de la commission du gouverne-

« ment (25e séance), dit M. Chauveau (1), M.
« Delaye, magistrat aussi recommandable par sa
« précieuse expérience des affaires que par son
« esprit et ses talents, voulait qu'on attribuât au
« juge tenant l'audience des criées le droit de fixer
« une nouvelle mise à prix. La commission de la
« Cour de cassation, au contraire, repoussait cette
« innovation, en disant : « La jurisprudence n'est
« pas fixée sur les pouvoirs d'un juge-commis-
« saire; ne serait-ce pas lui accorder encore une
« délégation de pouvoirs exhorbitante que de l'au-
« toriser à remettre l'adjudication, sans le consen-
« tement de la majorité des créanciers présents, et
« à fixer l'époque de la nouvelle adjudication ».
A plus forte raison la Cour suprême repoussait-
elle toute délégation au juge-commissaire pour
statuer sur de plus graves difficultés.

268 — S'inspirant de l'intention manifestée ainsi
par le législateur, soit dans les travaux qui ont
précédé la loi de 1841, soit dans quelques-uns de
ses articles, la jurisprudence a décidé que le juge
et le notaire commis ont pour mission unique de
recevoir les enchères et de déclarer adjudicataire
le dernier enchérisseur, et que, sans juridiction à
l'égard des demandes formées devant eux, ils doivent renvoyer les parties devant le tribunal, pour

(1) t. 5, p. 1326.

tout incident qui s'élève au moment de l'adjudication. Mais l'application de ces principes a donné
lieu à certaines divergences, et la jurisprudence y
a apporté quelques tempéraments. Alors qu'en
règle générale elle considère le juge et le notaire
comme tenus de renvoyer les parties devant le
tribunal et de surseoir à l'adjudication, elle leur
reconnaît, cependant, dans quelques cas — rares,
il est vrai — le droit de passer outre aux contestations et aux demandes élevées au moment des
enchères, et de procéder à l'adjudication.

§ 2

Sa Durée

269 — Si toutes les parties en cause sont majeures et maîtresses de leurs droits, elles peuvent,
conformément à l'art. 827 § 2 C. c. (1), s'accorder
sur le renvoi de la vente devant un notaire dont
elles conviennent entre elles. Le tribunal leur
donne alors acte de cet accord, et c'est en vertu
du mandat dont il est investi par ce contrat judiciaire intervenu entre les parties, que le notaire
délégué reçoit ses pouvoirs. Ce contrat ne pourra
être délié que par la volonté de toutes les parties
ou par l'autorité judiciaire. C'est là l'opinion
consacrée par la Cour de cassation (2).

270 — Lorsqu'il s'agit d'une vente ordonnée
par un jugement rendu en dehors du cas spécial

---

(1) V. suprà nº 15..
(2) Req. 30 avril 1855 (D. P. 55. 1. 164 — S. 55. 1.
635).

prévu par le § 2 de l'art. 827 C. c., il n'y a pas de contrat judiciaire entre les parties. C'est uniquement en vertu de la décision du tribunal, qui, bien loin de donner acte d'un accord quelconque, a pu retenir la vente à sa barre ou la renvoyer devant notaire contrairement à la demande des parties, que le magistrat ou l'officier public reçoit ses pouvoirs. A l'autorité judiciaire seule appartiendra le droit de mettre fin au mandat conféré ainsi au juge ou au notaire. C'est ce qui résulterait également des principes posés dans l'arrêt de la Cour suprême cité au n° précédent. Les parties n'auraient pas le pouvoir de retirer ce mandat judiciaire, pour le confier à une personne autre que celle désignée dans le jugement.

271 — Il peut arriver, cependant, qu'en matière de licitation les parties en cause, qui sont toutes majeures et maîtresses de leurs droits et n'ont pas, lors du jugement, usé de la faculté inscrite dans l'art. 827 § 2 C. c., veuillent s'en servir postérieurement à cette décision. Elles en auront le droit, conformément à l'art. 985 C. pr. civ., qui leur permet, en tout état de cause, de procéder de telle manière qu'elles aviseront en s'abstenant des voies judiciaires. Il leur sera alors loisible, en vertu de cette exception nettement formulée par la loi, de s'accorder pour mettre fin elles-mêmes au mandat judiciaire qui avait été confié au juge ou au notaire par le jugement.

Section II

Avant l'ouverture des Enchères

SOMMAIRE

272 — Enumération des principales difficultés que le juge
et le notaire délégués peuvent rencontrer.

272 — Avant d'ouvrir les enchères, le magistrat ou l'officier public délégué pour les recevoir
pourra voir surgir divers incidents, sur lesquels
il devra immédiatement donner une solution, soit
pour trancher lui-même le différend, soit pour
renvoyer les parties devant le tribunal en laissant
à celui-ci le soin de le juger.

Il en sera ainsi notamment dans le cas d'une
demande en modification au cahier des charges,
dans ceux d'une demande en distraction de tout
ou partie des immeubles à vendre, en sursis et en
opposition à la vente. La réquisition d'adjudication
pourra également donner lieu à certaines difficultés.

§ I

Modification au cahier des charges

273 — Que devra faire le juge ou le notaire délégué si, au moment de procéder à l'adjudication, une modification au cahier des charges est demandée devant lui par l'une des parties ? Devra-t-il passer outre à l'adjudication ou renvoyer devant le tribunal et, par suite, surseoir à la vente ? Cette question demande un examen spécial suivant qu'il s'agit des ventes par licitation, de biens de mineurs ou de celles qui leur sont assimilées et des ventes sur conversion. En tous cas, sa solution dépend

du point de savoir si, dans l'une ou dans l'autre de ces hypothèses, une demande de modification au cahier des charges n'est pas faite tardivement devant le juge ou le notaire commis.

274 — S'agit-il d'une vente par licitation, deux systèmes sont en présence. L'art. 973 C. pr. civ., dit-on dans un premier système, ne fixe pas de délai pour faire statuer par le tribunal sur les dires insérés à la suite du cahier des charges et relatifs à des modifications à apporter à celui-ci. Il y a, sur ce point, une différence bien tranchée et très-significative avec les prescriptions faites par la loi en matière de saisie immobilière, pour laquelle l'art. 694 impartit un délai et prononce une déchéance. De cette différence ainsi établie par le législateur lui-même, résulte la conséquence que, pour les ventes auxquelles l'art. 973 est applicable, les parties ont le droit de demander des modifications au cahier des charges jusqu'à l'adjudication. En matière de saisie immobilière, ajoute-t-on, un délai de vingt-deux jours, au moins, entre la sommation et la publication du cahier des charges, est accordé aux parties, tandis que, dans les ventes judiciaires volontaires, le délai entre la sommation et l'adjudication peut n'être que de huit jours; il paraît impossible de réduire un délai déjà si restreint. D'ailleurs, les déchéances étant de droit étroit, ne peuvent être admises que si elles sont clairement formulées par la loi, et on ne peut pas les créer par

induction. Il faudrait conclure de là que, si au moment de l'adjudication l'une des parties demandait une modification au cahier des charges, le juge ou le notaire délégué à la vente devrait renvoyer devant le tribunal et surseoir à l'adjudication.

Un arrêt de la Cour de Douai (1), bien que rendu dans une espèce où le cahier des charges stipulait formellement pour les colicitants la faculté de le modifier jusqu'à l'adjudication, paraît admettre que, même en l'absence d'une clause de cette nature, des modifications au cahier des charges pourraient être demandées au moment des enchères, et que le juge ou le notaire commis devrait, dans ce cas, renvoyer les parties devant le tribunal et surseoir à la vente. Cette décision est basée sur ce que l'art. 973 ne prescrit ni le délai, ni la forme dans lesquels les modifications au cahier des charges doivent être demandées; qu'il règle seulement la procédure à suivre pour faire statuer sur les difficultés qui peuvent naître à cette occasion; que les colicitants ont, dès lors, agi régulièrement en proposant leurs modifications par exploit signifié au notaire, rédacteur du cahier des charges, la veille du jour fixé pour l'adjudication, en déclarant en même temps s'opposer, si ces modifications n'étaient pas admises, à ce qu'il fut procédé à la

____

(1) Douai, 10 août 1850 (D. P. 55. 2. 185).

vente, jusqu'à ce qu'il eût été statué par le tribunal; qu'en aucun cas le notaire n'était juge de cette difficulté et qu'il devait être sursis à la vente jusqu'après le jugement sur l'incident.

275 — Dans un second système, on argumente aussi de l'art. 973 C. pr. civ., qui prescrit de faire, dans la huitaine du dépôt du cahier des charges, sommation aux colicitants d'en prendre communication et oblige, s'il s'élève des difficultés, à les faire juger à l'audience sur simple acte. De cette disposition, rapprochée de celle de l'art. 694 du même Code et expliquée par les paroles du rapporteur de la loi du 2 juin 1841 (1), il résulte que, si le colicitant veut modifier le cahier des charges, il doit, non seulement insérer ses dires à la suite de celui-ci et appeler les autres parties à l'audience sur un simple acte, mais encore faire statuer sur la demande avant l'adjudication. La forclusion, ajoute-t-on, résulte de la force même des choses. De graves inconvénients se produiraient s'il dépendait du caprice d'un colicitant de rendre inutiles les frais de publicité déjà faits, en attendant le dernier moment pour soulever une prétention qui devrait retarder la vente. S'il y avait plusieurs colicitants et si quelques-uns d'entre eux s'entendaient pour soulever successive-

____

(1) D. A. V° *Vente publ. d'im.*, p. 572, n° 79.

ment cette même demande, des frais énormes seraient occasionnés et la vente se trouverait, en outre, indéfiniment retardée.

276 — Quoi qu'il en soit de ces deux systèmes et en présence d'une question de droit sur laquelle la jurisprudence n'est pas encore fixée, il paraît préférable que le magistrat ou le notaire délégué pour recevoir les enchères s'abstienne de procéder à la vente, si l'incident se produit au moment de l'adjudication, et renvoie les parties devant le tribunal pour faire trancher le différend.

277 — Il devra en être de même lorsqu'il s'agira de ventes de biens de mineurs et de celles qui leur sont assimilées. Cette abstention du juge ou du notaire et le renvoi devant le tribunal s'imposeront par les mêmes motifs que dans une vente par licitation, si l'on admet que les dispositions de l'art. 973 C. pr. c. sont applicables en matière de ventes de biens de mineurs, et à bien plus forte raison encore si l'on considère cet article comme ne leur étant pas applicable, puisqu'alors aucun texte de loi ne sera de nature à restreindre le délai dans lequel des modifications au cahier des charges doivent être demandées.

278 — Au cas de conversion de saisie immobilière, il faut également se demander par quelles dispositions sont régis les incidents de modifications au cahier des charges soulevés dans cette vente. Doit-on considérer comme applicables sur

ce point les dispositions concernant les ventes par expropriation forcée ou celles relatives aux ventes de biens de mineurs?

Il est certain que la conversion ne fait pas disparaître d'une manière absolue la saisie. Ce principe, admis avant la loi du 2 juin 1841, a été consacré par cette loi elle-même. Le nouvel art. 748 porte qu'après la conversion les fruits ne cesseront pas d'être immobilisés, que le poursuivant pourra encore arrêter les fermages et loyers de l'immeuble par une simple opposition conformément à l'art. 685, et que le saisi continuera à être privé du droit d'aliéner. De semblables dispositions démontrent que le législateur, loin de vouloir faire disparaître la saisie devant la conversion, a entendu lui maintenir ses principaux effets légaux. Mais les indications ainsi données par la loi sont trop générales pour permettre de résoudre aisément toutes les questions pouvant se présenter à ce sujet. Notamment quelle a été l'intention du législateur lorsqu'il s'agit d'une modification demandée au cahier des charges? A-t-il entendu qu'on suivrait les dispositions spéciales aux ventes de biens de mineurs ou a-t-il voulu, au contraire, laisser applicables les prescriptions de l'art. 694 C. pr. civ. ?

279 — A l'appui de la première opinion, on peut dire que l'art. 743 C. pr. civ., qui autorise la conversion de saisie immobilière en vente sur

publications volontaires, renvoie pour les seules formalités et conditions à observer aux art. 958, 959, 960, 961, 962, 964 et 965 du même Code. Or, aucun de ces articles ne fait mention de l'art. 694 ; par conséquent, ils rendent applicables à la conversion les dispositions de l'art. 973, si l'on admet que ce dernier article doit être étendu aux ventes de biens de mineurs, ou laissent les ventes sur conversion sans disposition restrictive du délai dans lequel les modifications au cahier des charges doivent être demandées, si l'on considère cet art. 973 comme non applicable aux ventes de biens de mineurs. Décider le contraire, serait réduire à l'état de lettre morte l'art. 743, qui dispose formellement qu'il n'y aura pas d'autres formalités et conditions à observer que celles prescrites par ces art. 958 à 962 et 964 et 965.

Un arrêt de la Cour de cassation et deux arrêts de Cour d'appel peuvent être invoqués à l'appui de ce système, bien qu'ils ne tranchent pas directement la question (1).

280 — La seconde opinion peut être soutenue en disant que, des dispositions par lesquelles la loi de 1841 a pris soin d'indiquer plusieurs effets de

---

(1) Civ. cass. 13 janvier 1841 ; Orléans 10 janvier 1843 (S. 41. 1. 354 — D. A. V⁰ *Vente publ. d'im.* nᵒˢ 2067 et 1433) et Douai 7 décembre 1877 (D. P. 78. 2. 39 — S. 78. 2. 115).

la saisie comme n'étant pas anéantis par la conversion et du but même de la conversion, il ressort
que le législateur n'a pas voulu donner à celle-ci
le pouvoir de modifier la nature de la poursuite.
Tout en améliorant la situation du saisi, en lui
faisant prendre part à la vente et en simplifiant les
formalités, la conversion n'empêche pas l'instance
de saisie de rester debout. Cela est si vrai que
notamment la subrogation peut être demandée,
conformément à l'art. 722 C. pr. civ., pour négligence du poursuivant, même après un jugement
de conversion et quoique les articles de lois relatifs
à la conversion ne le disent pas (1). Si des prescriptions particulières sont formulées par les
articles spéciaux à la conversion pour les incidents
qui pourront s'élever, il n'y a qu'à se conformer à
la procédure ainsi fixée. Mais aucun des articles
concernant la vente de biens de mineurs et auxquels renvoie l'art. 743, ne contient de prescription spéciale pour l'incident auquel donnera lieu
une demande de modification au cahier des
charges. Il faut donc s'en référer aux règles prescrites en matière de saisie immobilière pour cet
incident et se conformer à l'art. 694.

Divers arrêts viennent, par analogie, à l'appui

---

(1) Orléans 19 août 1842 et Req. 12 août 1844 (D. A. V°
Vente publ. d'im., n° 1083 — S. 45 1. 94).

de ce système (1), et parmi eux un arrêt de la Cour de cassation.

281 — Il semble difficile d'admettre qu'en présence d'une question aussi délicate et sur laquelle la jurisprudence, non-seulement n'est pas fixée, mais ne s'est même pas encore prononcée directement, le juge et le notaire commis pour procéder à la vente puissent, si l'incident est soulevé devant eux, passer outre à l'adjudication sans renvoyer devant le tribunal.

(1) Bourges 31 mars 1852 (D. P. 52. 2. 286 — S. 52. 2. 640); Paris 22 juin 1850 (D. P. 52. 2. 56); Paris 17 février 1853 (D. P. 53. 2. 231); Civ. rej. 22 juillet 1872 (D. P. 72. 1. 337) et Poitiers 17 mars 1890 (G. P. 90. 1. 654).

§ 2

Distraction. Opposition à la vente. Sursis

SOMMAIRE

282 — Les articles 966 et suiv. C. pr. civ. ne contiennent aucune disposition relative au délai dans lequel une demande en distraction doit être formée et ne mentionnent même pas un incident de cette nature. Il en est de même des art. 953 et suiv. et 742 et suiv.. Quant aux art. 725, 726 et 727, qui s'occupent d'une demande en distraction au cours d'une procédure expropriative, ils ne fixent, non plus, aucun délai pour la former.

Les ventes par licitation, de biens de mineurs ou autres assimilés et sur conversion ne doivent donc, sur ce point, donner lieu à aucune distinction, et il est sans intérêt de rechercher, au sujet du moment où une demande en distraction est formée, si les dispositions relatives aux ventes par licitation doivent ou non être étendues à celles des biens de mineurs, et si les ventes sur conversion sont régies par les dispositions applicables à la saisie immobilière, ou par celles auxquelles les ventes de biens de mineurs sont soumises.

283 — Avant la loi du 2 juin 1841, le Code de pr. civ. ne prescrivait aucun délai pour former une demande en distraction, et la jurisprudence était unanime pour reconnaître qu'un incident de cette nature pouvait être soulevé en tout état de cause (1). La loi de 1841 n'a pas davantage déterminé à quelle phase de la procédure la demande doit être faite, et la jurisprudence ne s'est pas modifiée. Il a même été décidé, depuis lors, que l'incident de distraction peut être soulevé après une surenchère et jusqu'à l'adjudication définitive (2).

284 — D'où l'obligation, pour le juge et le notaire

---

(1) Rennes 12 février 1818 ; Metz 12 juillet 1822; Toulouse 11 août 1823 ; Amiens 18 novembre 1823 ; Colmar 20 janvier 1831; Bastia 21 février 1838 (D. A. Vᵒ *Vente publ. d'im.*, nᵒˢ 5o, 1152-2ᵒ, 1148-1ᵒ, 1152-3ᵒ) et Civ. rej. 16 juillet 1834 (D. A. Vᵒ *Interv.*, nᵒ 98-1ᵒ).

(2) Besançon 24 décembre 1850 (D. P. 54. 5. 674 — S. 52. 2. 98) et Chambéry 12 mai 1865 (D. P. 65. 2. 155 — S. 65. 2. 192).

délégués à la vente, de surseoir à l'adjudication, si une demande de cette nature est formée devant eux, et de renvoyer les parties devant le tribunal, ainsi que l'a décidé la Cour de Bourges (1).

285 — Il paraît nécessaire également qu'il soit sursis à la vente, en cas d'opposition formée à celle-ci devant eux. La procédure est arguée de nullité, des offres réelles ont été faites par le débiteur dont les biens sont vendus par suite de conversion, le délai d'appel d'un jugement rendu, par exemple, sur un incident de distraction, n'est pas encore expiré ; l'une des parties s'oppose, par un de ces motifs ou par un autre, à ce que le juge ou le notaire procède à l'adjudication.

Sans doute cette opposition peut être mal fondée ; il est même possible qu'elle soit un simple moyen dilatoire. Mais le même inconvénient ne peut-il pas se produire de la même façon devant les tribunaux en toute matière, et ceux-ci n'en sont-ils pas moins tenus de juger ?

Comment admettre que le juge et le notaire délégués à la vente, qui n'ont reçu qu'une mission spéciale et limitée, celle de recevoir les enchères et de déclarer adjudicataire le dernier enchérisseur, ont qualité pour passer outre à l'adjudication ?

---

(1) Bourges 26 février 1825 (D. A. V° *Vente publ. d'im.*, n° 2061).

Leur accorder ce droit serait leur reconnaître celui de se substituer au tribunal déléguant, puisque, en ne tenant pas compte de l'opposition à la vente, ils trancheraient par cela même la question de la valeur de cette opposition.

286 — Que devra faire le juge ou le notaire si une demande de sursis est formée devant lui ? L'art. 743 C. pr. civ. renvoyant, pour les ventes sur conversion, aux formalités et conditions prescrites notamment par l'art. 964, relatif aux ventes de biens de mineurs et autres assimilées ; l'art. 972 portant que, pour les ventes par licitation, on se conformera aux formalités prescrites pour ces dernières ; et cet art. 964 déclarant commun à celles-ci l'art. 737, qui lui-même rappelle l'art. 703, c'est à ce dernier article qu'il faut se référer en matière de sursis. Or, cet art. 703, tel qu'il résulte des modifications apportées par la loi du 2 juin 1841, exige dans son § 2 qu'il soit statué par « jugement » sur la demande de sursis. Cette expression ne peut s'entendre que de la décision rendue par un tribunal et non de celle émanant d'un juge ou d'un notaire commis à une vente. Le magistrat et l'officier public délégués devront donc, en présence d'une demande de cette nature, renvoyer les parties devant le tribunal.

D'ailleurs, en dehors de ces termes de l'art. 703, les mêmes raisons que pour une opposition formée devant eux à la vente exigeraient que le juge et le notaire commis s'abstinssent de trancher l'incident soulevé, en n'en tenant pas compte.

287 — Un arrêt de la Cour suprême (1) a, toutefois, décidé le contraire ; mais il faut remarquer qu'il est antérieur à la loi du 2 juin 1841 et qu'avant elle la disposition de l'art. 703 n'existait pas.

Au surplus, cette solution donnée par la Cour de Cassation est basée, d'une part, sur ce que le juge délégué à la vente était sans compétence pour trancher la question de sursis et, d'autre part, sur ce que le tribunal, seul compétent, n'avait pas encore été saisi de l'incident, et que, par suite, il s'agissait d'une prétention qui n'avait même pas été formulée devant la juridiction compétente. Avec le système consacré ainsi par la Cour suprême avant la loi du 2 juin 1841, il en résultait donc que, si la demande élevée devant lui au moment des enchères avait été préalablement formulée devant le tribunal, le juge commis à la vente devait s'abstenir de procéder à celle-ci, pour permettre à la juridiction saisie de statuer sur le sursis.

---

(1) Req. 29 août 1832 (D. A. V° *Vente publ. d'im.*, n° 1431 — S. 32. 1. 660).

§ 3

Réquisition de l'adjudication

SOMMAIRE

288 — Au jour fixé pour l'adjudication, il doit y être procédé sur la réquisition du poursuivant ; il a obtenu le jugement ordonnant la vente et c'est à lui, tout d'abord, qu'il appartient de faire exécuter cette décision.

S'il ne se présente pas devant le juge ou le notaire pour requérir l'adjudication ou si, comparaissant, il ne la requiert pas, le droit de faire cette réquisition passe aux autres parties en cause. Il s'agit d'exécuter un jugement ; en cas d'abstention de la partie qui l'a obtenu, l'exécution peut en être poursuivie par la partie contre laquelle il a été rendu. Il a même été jugé que celle-ci n'est pas tenue à la signification préalable prescrite par l'art. 147 C. pr. civ. (1). Toute partie condamnée a la faculté d'exécuter volontairement les condamnations prononcées contre elle, sans attendre d'y être contrainte. En requérant l'adjudication, elle fait un acte complet d'exécution, qui constitue un acquiescement (2).

289 — Au cas de vente sur conversion, une difficulté spéciale pourra surgir, celle résultant de ce qu'un créancier inscrit, autre que celui poursuivant la vente, requerra l'adjudication, soit parce que ce dernier et le débiteur ne se présentent pas, soit parce que, comparaissant, ils s'abstiennent de requérir le juge ou le notaire de procéder à la vente. Ce créancier a-t-il le droit de faire cette réquisition et doit-il y être déféré? Cette question a donné lieu à deux systèmes.

Dans le premier, ce droit est refusé à ce créancier par les motifs suivants. Celui-ci n'est pas partie dans la procédure de vente, n'ayant pas été subrogé à la poursuite et n'étant pas intervenu au cours de la procédure; dans ces conditions, il est sans qualité pour requérir l'adjudication, alors que le saisissant et le saisi sont d'accord pour qu'il n'y soit pas procédé. Sans doute, si l'on

---

(1) Req. 24 mai 1864 (D. P. 64. 1. 306 — S. 64. 1. 222).

(2) Agen 12 avril 1821 ; Colmar 19 janvier 1832 et Lyon 27 décembre 1832 (D. A. V° *Acquiesc.*, n°ˢ 295, 543 et 544).

admet que l'art. 702 C. pr. civ. est applicable aux ventes sur conversion, bien que l'art. 964, auquel renvoie l'art. 743, n'y renvoie pas lui-même, cet art. 702 n'exige pas une demande en subrogation et impose seulement la condition d'être créancier inscrit. Mais il ne faut pas perdre de vue qu'il y a corrélation entre les art. 702 et 692 ; le premier de ces articles confère aux créanciers inscrits le droit de requérir l'adjudication , précisément parce que la sommation à eux notifiée en vertu du second article les a rendus parties dans la poursuite de vente.

On peut invoquer dans ce sens un arrêt de la Cour de Paris (1).

Un second système argumente de ce que, parmi les droits les plus essentiels des créanciers, se trouve celui de veiller à ce que les frais du jugement de conversion, du cahier des charges et de la publicité légale , qui sont prélevés sur le gage commun, ne soient pas faits inutilement ; que, d'autre part, la saisie, en suite de laquelle il y a eu conversion, demeurant toujours transcrite , la transcription d'une saisie ultérieure ne peut pas avoir lieu, suivant la prohibition de l'art. 680 C. pr. civ. (2) et qu'en tout cas il ne peut plus y avoir

---

(1) Paris 28 avril 1849 (Chauveau, t. 5, p. 1328).
(2) D. A. V° *Vente publ. d'im.*, n° 1415.

qu'une vente sur publications volontaires quand bien même ces créanciers, après avoir pratiqué une nouvelle saisie, demanderaient à poursuivre eux-mêmes la procédure par expropriation (1); que l'exercice des droits des créanciers qui ne sont pas parties au jugement de conversion se trouvent ainsi suspendus ; que si ces créanciers ne peuvent pas, à défaut du poursuivant, requérir l'adjudication, ils seront livrés à la merci du saisi et du saisissant. Ce moyen d'empêcher que leurs intérêts soient lésés, ajoute-t-on, est l'application du principe suivant lequel la conversion laisse subsister la saisie dans ses principaux effets légaux et rend, par suite, applicable à la vente sur conversion l'art. 702, qui accorde, sans aucune restriction, aux créanciers inscrits le droit de requérir l'adjudication, à défaut du poursuivant, sans distinction entre le moment où les sommations prescrites par l'art. 692 n'ont pas encore été faites et celui où elles l'ont été.

Changeant d'opinion, la Cour de Paris a rendu un arrêt qui vient à l'appui de ce système (2).

290 — A raison de ce que la jurisprudence

---

(1) Civ. cass. 8 janvier 1833 et Colmar 26 juillet 1833 (D. A. V° *Vente publ. d'im.*, n° 1416 — S. 33. 1. 84 et 34. 2. 168).

(2) Paris 23 mars 1852 (J. A. 79. 426).

n'est pas encore fixée sur ce point dont la solution est délicate, le juge et le notaire délégués agiront prudemment, si une réquisition d'adjudication est formulée devant eux dans ces conditions, en renvoyant devant le tribunal pour qu'il puisse lui-même trancher la question.

Section III

Après l'ouverture des enchères

291 — Principales difficultés qui peuvent se présenter.

291 — Cette seconde phase de la procédure à laquelle prend part le juge ou le notaire commis, n'est pas sans difficulté pour lui. Au moment où sa mission va prendre fin, il semble que le nombre des points sur lesquels son attention doit être appelée, va en augmentant.

Le défaut d'enchérisseurs, la fixation d'un nouveau jour pour la vente, la réduction de là mise à prix, les enchères, l'adjudication et le procès-verbal exigent un examen spécial, à raison des nombreux détails qui demandent, de la part du magistrat ou de l'officier public délégué, un soin particulier.

§ I

Défaut d'enchérisseurs

SOMMAIRE

292 — A la différence de ce qui a lieu dans une vente par expropriation, le poursuivant, dans une procédure où il y a eu conversion de saisie en vente sur publications volontaires, ne doit pas être retenu adjudicataire pour le montant de la mise à prix, si celle-ci n'est pas couverte. « L'art. 958 C. pr. civ., « auquel se réfère l'art. 743, dit M. Chauveau (1), « porte que les placards annonceront le prix auquel « seront ouvertes les enchères sur chacun des biens « à vendre. Cette disposition ne suppose point une « mise à prix obligatoire pour le poursuivant, qui, « d'ailleurs, peut, dans certains cas, être le saisi « lui-même. L'art. 745, après avoir parlé de la « requête qui doit être consentie par tous les inté- « ressés, ajoute qu'elle contiendra une mise à prix « qui servira d'estimation. Ces expressions n'indi-

----

(1) t. 5, p. 1303.

« quent point que la mise à prix doive être aux
« risques et périls du poursuivant, qui, en pareille
« occurence, ne peut être considéré que comme le
« mandataire commun ».

La disposition de l'art. 706, suivant laquelle,
lorsque la mise à prix n'est pas couverte, le poursuivant demeure adjudicataire, moyennant la somme à laquelle il l'a fixée, ne saurait être appliquée
en matière de ventes après conversion. Dans celles-
ci, la mise à prix est fixée d'un commun accord
entre les intéressés ; il n'y a donc pas de motifs
pour rendre le poursuivant responsable de cette
fixation, qui n'est pas son œuvre exclusive, comme
la loi a voulu qu'il le fût pour la vente sur saisie
immobilière, dans laquelle il arrête seul le chiffre de
la mise à prix. S'il en était autrement, les parties
seraient privées des avantages que la loi a voulu
leur accorder au moyen de la conversion, puisque
celle-ci ne serait jamais consentie par le saisissant,
ou ne le serait que sous la condition de fixer une
mise à prix minime, qui pourrait avoir pour résultat de déprécier l'immeuble et de préjudicier à la
masse des créanciers.

C'est dans ce sens que la jurisprudence a tranché
la question (1). Toutefois, un arrêt paraît, par ses

---

(1) Bordeaux 3 août 1843 et Paris 28 avril 1851 (D. P.
52. 2. 213 — S. 51. 2. 285 et D. P. 52. 5. 488. — S. 51.
2. 285).

motifs tout au moins, la résoudre en sens contraire (1).

293 — A plus forte raison, en matière de ventes de biens de mineurs et autres assimilées et par licitation, le poursuivant ne doit-il pas être retenu adjudicataire pour le montant de la mise à prix, si celle-ci n'est pas couverte, puisque c'est le tribunal seul qui en a fixé le chiffre.

---

(1) Orléans 10 janvier 1843 (D. A. *Vente publ. d'im.*, n° 1433).

Fixation d'un nouveau jour pour l'adjudication
Réduction de la mise à prix

SOMMAIRE

294 — Si, au jour indiqué pour l'adjudication, aucune enchère ne s'est produite, le juge et le notaire commis devront renvoyer les parties devant le tribunal, afin qu'un nouveau jour soit fixé pour la vente. Suivant l'art. 963 C. pr. civ., auquel se réfère l'art. 973, ce point ne saurait être douteux pour les ventes par licitation et de biens de mineurs et autres assimilées. Un doute peut s'élever seulement en ce qui concerne les ventes sur conversion, à raison de ce que l'art. 743 ne renvoie pas à l'art. 963. Mais, sous ce rapport tout au moins, un

renvoi à cet article n'était pas nécessaire, puisque l'art. 746 donne au tribunal seul le droit de fixer le jour de la vente.

Des termes employés par ces art. 963 et 746, qui parlent de « jugement » pour fixer le jour de l'adjudication, il résulterait que le tribunal seul a qualité pour faire cette fixation, à l'exclusion du juge et du notaire commis.

295 — La Cour suprême, cependant, admet qu'en matière de licitation, un nouveau jour pour l'adjudication peut être fixé par le juge ou le notaire délégué à la vente, lorsque cette fixation est demandée par le poursuivant (1). D'après les motifs de cet arrêt, le poursuivant ayant, conformément à l'art. 958, fixé la première date de l'adjudication et les art. 973 et 963 n'ayant rien d'impératif sur ce point, il a conservé ce droit pour fixer une nouvelle date. Ces motifs paraîtraient devoir rendre applicable aux ventes de biens de mineurs et autres assimilées le système admis par cet arrêt. Mais, à raison de ce que, conformément à l'art. 746, c'est le tribunal qui fixe la première date de l'adjudication, il ne pourrait pas être étendu aux ventes sur conversion.

Cet arrêt, semble-t-il, a été rendu dans une espèce où un nouveau jour pour l'adjudication

---

(1) Req. 19 juillet 1858 (D. P. 59. 1. 13 — S. 58. 1. 785).

avait été fixé, sans modification de la mise à prix primitive. Vraisemblablement, la décision de la Cour de cassation n'aurait pas été la même si le poursuivant avait, en même temps, demandé au juge ou au notaire commis la fixation d'une nouvelle mise à prix. Pour ce cas, les motifs de l'arrêt n'auraient plus la même portée, la mise à prix primitive ayant été fixée, conformément aux art. 955 et 970, par le tribunal et non par le poursuivant et l'une des conditions fixées par le tribunal, pour la vente, devant être modifiée.

296 — Un arrêt de la Cour de Lyon a décidé que, dans une vente de biens de mineurs, alors même que les enchères dépassent le prix d'estimation, l'adjudication peut être renvoyée par le juge ou le notaire délégué, si ce renvoi est demandé par le tuteur, si le magistrat ou l'officier public a la conviction que les biens seraient adjugés au-dessous de leur valeur et si, quoique l'extinction de la troisième bougie ait eu lieu, l'adjudication n'a pas été prononcée (1). Cette décision, unique en jurisprudence, est vivement discutée par la doctrine (2).

En envisageant uniquement le caractère de la

---

(1) Lyon 21 juillet 1838 (D. A. V° *Vente publ. d'im.*, n° 2095 — S. 38. 2. 43).

(2) D. A. V° *Vente publ. d'im.*, n°ˢ 2095; Bioche, V° *Vente jud. d'im.*, n°ˢ 32, 35 et 84; Chauveau, t. 5, p. 1476.

mission d'un juge et d'un notaire commis pour
procéder à une vente, il paraît difficile, alors qu'ils
sont investis seulement d'une délégation spéciale
et limitée pour recevoir les enchères et déclarer
adjudicataire le dernier enchérisseur, d'admettre
qu'ils ont le droit de s'abstenir de prononcer
l'adjudication lorsque toutes les conditions pour la
rendre parfaite se trouvent remplies. Il ne s'agit
plus ici d'un incident ordinaire, puisque l'adjudication elle-même a été commencée, les enchères
s'étant produites, la mise à prix ayant été couverte et la troisième bougie s'étant éteinte, et que
le prononcé de l'adjudication allait être rendu.
D'ailleurs, l'appréciation qu'ils auraient à faire pour
pouvoir renvoyer l'adjudication, dans ces conditions,
serait d'une nature particulièrement délicate et
difficile. Il serait nécessaire que le juge et le notaire
délégués à la vente consentissent, en renvoyant
l'adjudication, à assumer la responsabilité morale
d'une nouvelle mise aux enchères, qui n'attein-
drait peut-être pas le chiffre primitif et entraînerait en tout cas des frais considérables.

297 — C'est aussi afin de fixer une nouvelle
mise à prix, que le renvoi des parties devant le
tribunal par le juge ou le notaire commis est
nécessaire, lorsque aucune enchère ne s'est produite au jour indiqué pour l'adjudication.

A l'exclusion du magistrat et de l'officier public
délégués à la vente, le tribunal a seul qualité pour

réduire la mise à prix et en fixer le nouveau chiffre. Aucun doute sur ce point ne saurait s'élever en ce qui concerne les licitations, les ventes de biens de mineurs et les ventes assimilées à celles-ci. Les art. 963 et 973 nouveaux C. pr. civ. sont formels et ne permettent plus de se demander aujourd'hui, comme avant la loi du 2 juin 1841, si, pour abaisser la mise à prix, les colicitants sont obligés de s'adresser au tribunal, ou peuvent opérer eux-mêmes cette réduction, sans autorisation de justice (1). La seule difficulté qui se soit produite est celle de savoir si, en matière de licitation, la réduction de la mise à prix doit être demandée au tribunal par simple requête ou par conclusions signifiées ; la jurisprudence est fixée dans ce dernier sens (2). Cette question, du reste, n'a pas d'intérêt pour le juge et le notaire délégués à la vente.

En matière de conversion, le droit d'abaisser la mise à prix primitive avait même été contesté aux

---

(1) Civ. cass. 6 juin 1821 ; Paris 29 novembre 1834 et Paris 22 avril 1839 (D. A. V° *Vente publ. d'im.*, n⁰ˢ 2099 et 2100 — S. 21. 1. 274 et 35. 2. 12).

(2) Montpellier 12 novembre 1851 (D. P. 52. 2. 22 — S. 52. 2. 635) ; Orléans 15 juin 1852 (D. P. 53. 5. 339 — S. 52. 2. 635) ; Paris 25 juillet 1853 (D. P. 53. 2. 234) ; Caen 28 août 1855 (D. P. 56. 2. 247 — S. 56. 2. 236) et Riom 2 janvier 1859 (S. 59. 2. 412).

tribunaux, auxquels la jurisprudence le reconnaît aujourd'hui d'une façon unanime (1).

298 — Par exception, il a été décidé que le juge délégué peut réduire la mise à prix d'un immeuble licité entre majeurs, lorsque la réduction est demandée par tous les colicitants (2). Bien que rendue avant la loi du 2 juin 1841, cette solution doit être encore admise actuellement; elle n'est que l'application de l'art. 985 C. pr. civ..

---

(1) Civ. rej. 18 janvier 1842 (D. A. V⁰ *Vente publ. d'im.*, n⁰ 1436-1⁰); Angers 9 juin 1847 (D. P. 47. 2. 144 — S. 50. 2. 200) ; Nancy 16 août 1850 (D. P. 51. 2. 240 — S. 50. 2. 200); Paris 28 avril 1851 (D. P. 52. 2. 213 — S. 51. 2. 285) et Orléans 15 mai 1858 (D. P. 61. 5. 435 — S. 58. 2. 575).

(2) Paris 20 juin 1833 (D. A. V⁰ *Vente publ. d'im.*, n⁰ 2101 — S. 33. 2. 649).

Pour le choix du mode de vente par le tribunal, aussi bien que pour l'étendue des pouvoirs délégués en vue de l'adjudication, le législateur épargnerait ainsi au juge la nécessité, si dangereuse pour lui et les justiciables, de recourir à l'équité. « Cette « équité arbitraire, dont la commode flexibilité « reçoit aisément toutes les impressions de la « volonté du magistrat, a dit d'Aguesseau (1) en « des termes qu'il faut reproduire textuellement « pour ne pas en affaiblir la portée. Dangereux « instrument de la puissance du juge, hardie à « former tous les jours des règles nouvelles, elle se « fait, s'il est permis de parler ainsi, une balance « particulière et un poids propre pour chaque « cause. — La vérité échappe, la règle disparaît, « et le magistrat demeure le maître ».

---

(1) Mercuriale sur *L'Autorité du magistrat et sa soumission à l'autorité de la loi*.

TABLE DES MATIÈRES

Vienne, imp. Savigné. — 1891.

NE RISQ